俺が街を変える

栗木秀樹 KURIKI HIDEKI

幻冬舎MC

prologue

はじまりは「街を変えよう」という思い

　かつては古ぼけた町工場が立ち並ぶエリアだった。名古屋市内ではお世辞にも
よいイメージを持たれていなかったが、今は斬新なマンションが林立する「マン
ションエリア」に生まれ変わっている。

　この地区に私が１棟目のマンションを建てたのは20年以上前のことだ。当時は
まだ土地に長年こびりついたイメージのせいか土地が比較的安かった。イメージ
にさえとらわれなければ、名古屋の中心部にアクセスしやすい好立地だ。このエ
リアが注目のマンションエリアへと変貌していくのだから、あのときの直感は間
違っていなかった。

　私の父は公務員で、私自身は理工学部電気工学科の出身である。不動産業界に
もマンションのデザインにも無縁だった。経験もコネもなく、独学で不動産業界
に飛び込んだ。地価はこのとき名古屋市中区のなかでは比較的安かったが、当時
の私が買えたのは60坪程度の土地だ。

　私には明確なヴィジョンがあった。
　それは「この街を変えよう」という思いだ。

　針が止まった古時計のように、何十年もの間、誰からも振り向かれなかったこ

のエリアに、新たな時を刻みたい。

　地元に根強く残るマイナスイメージが土地の価値を下げているのなら、そのイメージを覆すパワーを持った建物を自分で建てればいい。それがときめくデザイナーズマンションなら、立地は便利だし、ここに住みたいと思う人は必ず集まってくる。

　それには唯一無二の特別な異彩を放つデザインが必要だ。

　それがはじまりで、以来20年以上、主にデザイナーズ賃貸マンションを造り続けてきた。私を突き動かしてきたのは「マンションを造ること」よりも「街を変えて人を感動させること」への情熱だ。この情熱だけは誰にも負けない。

「どこにでもあるようなマンションらしいマンション」は造りたくない。

　新しい街を造りたい。時間が止まったままの街のなかに忽然と現れ「行き交う人々をびっくりさせる建物で、見ているとパワーがもらえる物体」を建てる。

　言葉で説明されてようやく魅力がわかるような建物ではなく、どこかで見たことがある建物でもなく一目で、「あれは何だ」と気になる建物を造る。言葉など超えて、たとえ外国人でも、原始人でも、見たとたんにパワーを受け取ることができる建物を造る。

　そのような建物が存在するような街に住む人も、建物に住む人も活気づけることにつながる。きっと楽しい人生となるに違いない。

　一般的に、家族で住む住居には「生活しやすさ」という現実的な条件が最優先

5

されがちである。では、単身や大人2人で住むマンションはどうか。

たとえば単身赴任で名古屋に来たビジネスマンが、慣れない土地と忙しい仕事でエネルギーを消耗し、疲れ果て帰宅する。自分の部屋が、遠目からでも異彩を放つデザイナーズマンション内にあり、エントランスでヒーリング効果のある間接照明、音楽、ガーデニングが迎えてくれたら、その人の一日は潤いのある時間で締めくくられるだろう。

親しい友人や気になる女性を部屋に呼んで見せたくなるだろう。驚かれたり羨ましがられたりすれば、そんなマンションを選び、住んでいる自分を誇らしく思うことができるかもしれない。住まいとは、住人のパーソナルイメージをアップさせる力も持っているのだ。

常に「感性を刺激してくれるマンション」を目指して、実際にどのようなものを建ててきたかは写真で紹介する。しかしこの本を通じて私が伝えたいのは、自分がデザインしたマンションの解説ではなく、ウンチクを語ることでも、自慢話でもない。

伝えたいのは「どんな夢も、情熱と行動で実現できる」ということだ。
私は地元のテレビ局社員からまったくの異分野である不動産業界へ転身した。専門的な教育を受けず、経験もなかったが、マンション開発で街を変えることができた。

特別に大きな運や縁に恵まれたとは思っていない。ただやりたいことのために一生懸命に取り組み続けた結果だ。「努力は運を支配する」、私の好きな言葉だ。

　この先も挑戦したいことが山積みだ。しかも、いつも待ちかまえるハードルは高く、今も夢の途上にあると思っている。ただ、これまでに仕事と人生経験を通じて私が得たものを伝えることで、仕事について模索する若い人たちに何らかのヒントを提供できるのではないかと思っている。

　昔の自分は、安定して給料をもらっていたが、半分死んだような目で仕事をしていた。今はやりたいことが自然と次々に湧いてくる。まるで生まれ変わったかのような毎日だ。別の人生を歩んでいるかのように幸福だ。

　異端児と呼ばれたら素直に喜びを感じる。自分の内なる声を聞き、自分の気持ちに素直に生きる。常に古い価値観を疑い、固定概念を壊し、無謀といわれることでも信じる道を突き進めば、未来は拓ける。本書を通じ、そんな希望を感じてもらえたらうれしい。

prologue

はじまりは「街を変えよう」という思い 4

目指すのは「マンションらしくないマンション」 13

過去を捨て、無の境地になる 17

伝統的な場所に挑戦する 21

タイミングと場所のチャンスを逃さない 25

TPO と C 29

「差別化」だけが生き残るための武器になる 33

価格競争に巻き込まれない 37

ハングリー精神は、学歴や資格を凌ぐ 41

過去の自分を捨てる 45

行動力は利益を生む 47

「無意識に感じる心地よさ」を追求する 51

風水の教えの大切さ 55

夜の表情を主役にする理由 59

刺激を求め外国へ行く ……………………………………… 65

みんなと同じものは見ない ………………………………… 69

強い気概からデザインが生まれる ………………………… 73

本能で動き回る ……………………………………………… 77

すべては情熱が行動力を生む ……………………………… 80

悩む時間を減らし、即断即決する ………………………… 82

保険に入るなら自分に投資する …………………………… 83

メモはいらない ……………………………………………… 85

外国語はコミュニケーションの基本 ……………………… 88

この世で一番恐ろしいのは人の心かもしれない

安易に他人を信用してはいけない ………………………… 91

相手の言動はコントロールできない ……………………… 95

他人を信じきるな！　自分を信じろ！ …………………… 99

潔く諦めることも重要な能力 ……………………………… 101

「空間力」とは何か ……………………………………………………… 107

今の自分を進化させ続ける ……………………………………………… 110

非常識なデザインが常識なデザインとなる …………………………… 113

カオスデザイン …………………………………………………………… 117

いかに豊かな空間にできるか …………………………………………… 123

「人生の数年だけでも面白い部屋に住む」という提案 ………………125

カテゴリーやコンセプトは気にしない

事業家は評論家ではいけない …………………………………………… 129

街を変えるという生きがい ……………………………………………… 133

熱い情熱と行動でどんなヴィジョンも実現できる …………………… 135

理由はたった一つ。「好きだから」 …………………………………… 137

ルーティンを捨てて脳を解放する ……………………………………139

二つのネジ

ネジを締め、ネジを巻け ………………………………………………… 145

生死の稜線からのエネルギー …………………………………………… 147

何のために仕事をするのか ……………………………………………… 149

人生はカオスである ……………………………………………………… 151

epilogue

My story ……………………………………………………………………… 156

目指すのは「マンションらしくないマンション」

　ただ、旧態依然たる街の雰囲気に溶け込むマンションを造り、果たして人は感動してくれるだろうか。

　違和感は持たれないだろうが、どこにでもあるようなマンションでしかない。しかし、存在すら気づかれずに大勢の人が建物の前を通り過ぎて行く。それでは造った自分もつまらないし、人を感動させることもできない。

　私は常に「マンションらしくないマンション」を造ろうと思っている。

　私はこれまで名古屋市を中心に数々のデザイナーズマンションを建ててきた。この取り組みの背景には、たまたま愛知県民の「新しいもの好き」の性質があり、それに助けられた部分もあると思っている。

　もし場所が京都だったとしたら、先鋭的なデザインの建物を自由に建てるわけにはいかなかっただろう。東京にもマンション建築の細かな法規制やルールがある。

　もちろん名古屋においてもときめくデザイナーズマンションの建設は簡単ではない。しかし、地域や人々が好奇心を持っている。新しいものを歓迎するものづくりの基本姿勢がある。だからこそ、毎回いろんなチャレンジができているように思う。

　私が手がけたマンションが集中する名古屋市の一部の場所には、昔ながらの下町のイメージがある。地元の入居者だけをターゲットにしていたらおそらく借り手がつきづらかっただろうと思う。

一方、単身用マンションはどうか。名古屋には、大手製造業への就職を目的に引っ越してくる人や、企業勤めで単身赴任の命を受けた人などがやってくる。彼らにはそこの古い土地のイメージなど関係ない。むしろ高級住宅街の住民とコミュニケーションすることを煩わしく感じる人も多いはずだ。

　それなら、繁華街やオフィスに近く、通勤途中にコンビニエンスストアがあるエリアのほうがいい。土地のイメージとは関係なく、通行人から一目置かれるかっこいい個性的なマンションに住むことが心を満たしてくれるに違いない。

　私が目をつけたエリアは、地元民からはなんとなく敬遠され、便利なのに地価が比較的安かった。そもそも当時の私には充分な事業資金がなかった。また、事業であるから採算が取れないエリアでは決してマンションを造らない。

　しかしその土地に強烈なインパクトを持つマンションを一棟建てたことで、似たような建物が周りに次々と現れ、あっという間に街の風景が塗り替えられていった。

　京都のように守り続けなくてはならない美しい街並みならば話は別だが、古い街工場が立ち並ぶ、高いポテンシャルを秘めた土地ならば、誰かが先陣を切りさえすれば逆転のドラマを生み出せるのだ。

　逆転のドラマを生み出すのは、どこにでもあるような似たようなマンションではない。

　今までのダサい街を変える。目にした人すべてが「あれは何だ」とくぎづけになるような、強烈なインパクトを持つマンションでなくてはならないのだ。

過去を捨て、無の境地になる

　新たなデザインは毎回ゼロにすることで生まれる。一つのマンションが完成すると、その瞬間にデザインを捨てるため、過去のマンションデザインをずらりと並べてみてもおそらく一貫性は見出せない。

　それでいいし、そうでなくてはいけないと思っている。これまで手がけてきたマンションに共通している点を挙げるとすれば「マンションの常識にとらわれていない」という点である。

　常識にとらわれない発想は、無の境地から生まれる。

　前例にとらわれず、過去のイメージをきれいに忘れ去ることにより、頭の中が完全に無になる。新たなイメージを描ける土壌ができるのだ。

　人生設計にも似たことがいえると思っている。

　人にはそれぞれ過去があり、キャリアがある。その実績も大事ではあるが、過去にばかり目を向けていると未来は開けない。過去の延長線上でしか未来が描けなくなり、新しい領域に飛び出せなくなってしまう。

　大切なのは、自分が何者なのかを感じ取ることだ。そのためには、いったん過去の自分を忘れ、無の境地で自分と向き合わなければならない。

　無意識のうちに、人は自分が何に向いているか感じ取っているものだ。何に向

17

かないかも感じ取っている。

　その声に耳を傾けることで、他の人にはない、自分だけの特別な能力を自然と知ることができる。

　どんな人生を送りたいか、今、何をしたいのか考えてみてほしい。

　やりたいことが見えてくると、自然とエネルギーも湧いてくる。やりたいことをやり始めると、まるで宇宙からエネルギーをもらっているような感覚になる。

　その感覚をつかむまで、自分が何者で、何をするために存在しているか突き詰めることが重要だ。

　人は意味なくこの世に生まれてきたわけではない。私はそう信じている。

　誰もが社会に貢献できる特殊な能力を持ち、この世に存在しているのだ。

伝統的な場所に挑戦する

　京都市など、街の景観条例が厳格に決められていても、街は変えることができる。

　街を守りつつ変えるのだ。伝統、格式を重んじつつ"新感覚のエッセンス"をちりばめるだけだ。

　私は京都にはよく行くが、まだまだ条例を守りつつ挑戦しているデザイナーズマンションは少ない。むしろ京都の場合、ホテルのほうがデザインにおいては挑戦しつつある。

　コンクリート杉板型枠の打ちっ放し、ランダムなルーバー（細長い板を並べたもの）、アプローチ（道路からエントランスまでの通路）付近のガラスと石の庭園、左右非対称なファサード（外観とデザイン）など、京都の雰囲気とフュージョン（融合）しているホテルがあるのだ。これからもどんどんフュージョンなデザインは増えると思う。

　このように伝統を守りつつ街をフュージョンに変えていくことは可能だ。

　私のいま挑戦している地域は名古屋市東区だ。歴史的に見ても区内には、江戸時代からの町の歴史を感じさせる徳川園、徳川美術館、建中寺や、明治以来の面影を残す白壁、主税・橦木地区がある。また南西部を中心にモダンな施設やマンションも複数存在する名古屋市のなかでも敷居の高い場所だ。事実、日本で名古屋市東区は、日本の行政区名、○○市東区の名前を持つ区としては最も古いらしい。

いま私はこの東区で街の景色を変えようとしている。新たなデザインの風を吹かせようとしている。いや、むしろ最先端のデザインにより東区の歴史をより強く主張させたいと思っている。地域住民の気持ちを汲み取り、新たなデザインに挑戦する。外観は当然のことだが、エントランス内のインテリアにも最大限のエネルギーを注入する覚悟だ。

　発想と閃き。はじめからこれに頼るわけではない。常に勉強である。すなわち脳に新しい何かをインプットするから閃くのだ。

　私は今回、エントランスの壁に、畳を採用したいと閃いた。正方形の畳だ。ただ並べるだけでは味気ない。床の畳が壁になっただけである。私は、この畳を千鳥格子に配列させたいと考えている。その間に、これも千鳥格子になるが、和紙模様のフロストガラス照明を仕込ませたい。

　また、伝統工芸品で京都などから伝わった名古屋友禅や名古屋扇子、常滑焼なども瀟洒<ruby>しょうしゃ</ruby>に配列したいと考えている。

　天井は伝統的な木板を張り、クールでモダンな天井仕上げ材2種類でおさめたい。相反する伝統的な材料と最先端のクールな材料。このミスマッチが最高にいいのだ。

　外観も道路から見たときに、これは凄いと思わせるファサードにする。あとは、完成したときのお楽しみにさせていただきたい。

タイミングと場所のチャンスを逃さない

　新しい建物の開発は、いつだって「ある日、突然に」動き出す。

　周到な準備はいらない。しかし、単に無計画でもない。直感が最も大事だが、それだけでも足りない。

　マンション開発において大事なのは、よい土地を見つけるための「情熱」と「スピード」だ。土地はスピード感をもって買わないと、ほかの人に買われてしまう。私は現地を見ないで、とりあえず仲介業者に電話し、購入の意思表示をする。それから現地を確認のために見に行くことがある。モタモタしていると、ほかの人に買われてしまうので、それは避けなければならない。

　また、土地も建設費も価格が高くなったり安くなったりするのでタイミングが大切だ。

　私が造るマンションは、外観の印象や、タイルや洗面台といった建材の使い方などから「家賃が高そう」と思われることが多い。建築費も高いと思われている。

　しかし、物件の賃料を調べてみればわかる通り、相場と比較してもさほど高くはない。せいぜい1割か、1割5分程度高いくらいだ。これは建築費を抑えているからできることだ。

　外観を見た人や、部屋を内見した人は、高くてもおかしくないと実感してくれる。そのため、マンションはオープン後すぐに入居者で埋まり、空室が出てもす

25

ぐに次の入居者が決まる。

　このサイクルを成立させるためには、マンションを造るタイミングと場所を確実に押さえることが肝だ。

　安く、良質に造れるから、安く提供できる。初期費用がかかってしまえば、その分をカバーするために賃料を上げるしかない。そうなると気軽に住めるマンションではなくなってしまう。収支が悪くなり事業としても成立しない。

「人を感動させたい」という思いでマンションを造るのは、単に外観のインパクトで人を驚かせたいだけではない。

　私のマンションに入居したいと思ってくれる人々が集まってくることによって、街がリフレッシュされる。入居者には「この賃料でこんな部屋に住めるなんて」と喜んでもらえる。それらすべてを含めた感動を意味している。そのためには価格が高いマンションではだめなのだ。

　すべては、ハンターとして土地を探す気力に尽きる。一見して「ここはいける」と判断する力と、その判断を信じてすぐに行動するスピードにかかっている。

　だからといって土地の安さだけに惑わされてはいけない。人口が減少していく場所にマンションは造らない。

まだ未開拓だけれど、仕掛ければ今後の発展が見込める。その可能性を見極める。人々が「住んでみたい」と思う価値をはらんでいるかどうかを鋭く見極め、直感がゴーサインを出すならば、悩むより先に動くだけだ。

TPO と C

　差別化できる能力がないから、一般的なやり方しかできない。

　土地の上に建つすばらしい建物もイメージできないから土地を買うスピードも
ない。この二つは表裏一体だ。

　なぜなら、その土地に思い通りの建物ができないかもしれない不安があると、
その土地を買うスピードが遅くなるからだ。10階建てのマンションを想定してい
たのに、法律上、8階までしか建てられなかったら、不動産事業の想定収入が得
られない。結果、事業が失敗する土地を買ったことになる。

　これではダメだ。だから、私は20代に不動産や建築に関する法律をトコトン勉
強した。

　土地を買ったら、あとはゆっくりそこに建てる建物をときめくデザインにし、
適正価格になるように企画していく。ここに建物づくりの難しさがある。

　音楽や絵画であれば、作成コストはそんなにかからないだろう。

　しかし、不動産事業の場合は、大きなイニシャルコストとして土地価格と建物
価格がある。大都市中心部の土地価格は高いときには2倍にも3倍にも変化する。
建設費も1・5倍になるときがある。

　つまりバブル期といわれるときである。こういうとき私は土地を購入したりす
る危険なことは一切しない。

なぜなら、遅かれ早かれ下落することが目に見えているからだ。高いときに取得した土地や建物の余計な高いコストを取り戻すだけで大変な時間がかかる。したがって何もしないことが最善の利益確保になる。

　不動産ではTPOが最も大切だ。Tは購入タイミングとも言えるし、バブルではない比較的安い時期だ。Pは、場所だ。人口が減っていく土地を買うのは愚かだ。将来も入居が見込める場所だ。Oはオブジェクト。すなわち建物の品質やデザインだ。私はこれにCを付け加えたい。コストである。健全な経営には、イニシャルコストとランニングコストの両方を考慮して、不動産事業を進めることになる。TPOとC、これを覚えておいてほしい。

　これらのうち、どれか一つでも欠けたとき、その事業は失敗となる。不動産事業は金額が高いから特に要注意である。

　このなかで、唯一、最大限の差別化が図れるのはO、すなわち建物の品質なのだ。品質とは扱いやすさ、デザイン、設備、ガーデニングなどがあるが、デザインだけは音楽や絵画と同じように、奥が深く、大きな差がつきやすい。私はそこに注目した。今でもデザインに全身全霊を捧げている理由はここにある。

「差別化」だけが生き残るための武器になる

　どんな業界でも競争が激しいのは共通だ。似たようなものなら、少しでも安いほうが選ばれる。

　売り手はもしかしたら「見た目は似ているが、よく見れば違う」「他社のものよりうちのほうが質がいい」と考えているかもしれない。

　しかし、その差が顧客に見分けられない程度ならば意味はない。やがて選ばれることにだけ意識が向くようになり、価格を下げるために質も下げるという悪いサイクルに陥ってしまう。それが価格競争に巻き込まれるということだ。これでは商売にならない。

　賃貸マンション業界においても、入居者が複数の物件を見て回り、似たような条件のマンションを比較し、賃料が安い物件を選ぶのは当然のことである。そんななかで私のマンションは、２割程度まで相場より高い賃料を設定しているケースが多い。それでも入居者が集まる。

　その理由は何か。

　答えはただ一つ、ほかのマンションと差別化を図っているからだ。私の仕事は特別なデザインを考えることであるが、経営的には差別化を生み出すことである。

価格は人が物を選ぶときの大事な条件である。しかし、必ずしも十分条件ではない。

　価格ではないところで勝負するためには「どのポイントでほかと差別化するか」を考える。それを戦略の軸にする。

　私のマンションは、住人や地域をワクワクさせる。唯一無二のデザインで差別化を図っているから、そこにさほど高くない賃料で住めるというお得感が生まれる。

　私の戦略はシンプルだ。

　差別化を図るために建設費用を1割高くする。それだけである。

　この1割を使って、差別化につながる要因を作り出す。

　建設費用を1割上げると、賃料も必然的に1割上げないと事業収支が成立しない。しかし、デザイン面などでほかの物件にない魅力があれば、住みたい人は集まる。

　家賃が相場より2割高くなっても入居者には喜ばれる。1割高いなら必ず受け入れられる。

　借り手を魅了する差別化のポイントが作れれば、高い家賃設定でも満室になるのだ。事実、私のマンションは「ほかとは違うマンションに住みたい」という需要をつかみ、常に満室をキープしている。融資元となる銀行も、常に満室だからそのような実態を踏まえ、融資の金利を安く設定してくれる。

　もちろん、借り手が「ほかとは違う」「ここに住みたい」と思ってくれるマンションを造ることが大前提だ。

そのためには、社会のニーズに応えるだけでは足りない。社会のニーズを創造し誘引する。具体的にはこういうマンションが求められるだろう、こういう物件で暮らしたいと思っているはずだと想像し、借り手が潜在意識として持っている願望や期待を創造し、形にするということだ。

価格競争に巻き込まれない

　私のシンプルな経営戦略が有利なのは、同じように考える人が少ないからだ。

　私は建設費用をあえて1割高くする。その1割で差別化要因を生み出し、魅力ある物件を造る。

　一方、一般的な経営者は建設費用を1割でも安くしようと考える。私の戦略とはまったく逆のことをする。

　マンションを造ろうと考え、そのための土地を確保するところまでの流れはみんな同じだ。その土地にどんな建物を造るか、そのための費用をどう考えるかという点で明確な違いが出るのである。

　しかし、安くするためには建設費用を下げなければならず、たいていの場合、物件の質も落ちる。建設費用を1割下げれば、質も1割下がる。同じことを考える業者はたくさんいるため、費用を抑える業者が現れ、一般によくある物件が世の中に増えていく。業界内では価格競争が激化する。

　そのような争いを避けるには、最初から発想を変える必要がある。

　周りの業者が1割下げるなら、自分は1割高くし、その分、価値を高める。

　そこが実は経営的な観点から見たときの、重要な分岐点なのだ。

　では、なぜ多くの人が1割下げようと考えてしまうのだろうか。

　理由は単純で、そのほうが楽だからだ。

　価値が高い物件を造るのは大変だが、価値を下げるのは簡単だ。だから、目先

の利益を狙い、安くするほうを選択する。

　価値を高めるためには、ニーズを創造し、ニーズを満たすための方法を編み出さなければならない。そのためには勉強が必要だし、感性を磨くための時間もかかる。それが嫌だから、楽に儲かりそうなほうを選ぶ。その結果、価格競争という最も厳しい環境に自ら飛び込んでいくことになるのだ。

　だからこそ私は価格競争には巻き込まれない。

ハングリー精神は、学歴や資格を凌ぐ

　仕事とは戦いだ。

　資格とは関ヶ原の戦いの入場券を得ただけにすぎない。

　入場券を取ってから本当の戦いが始まる。

　確かに資格があれば少し優位に物事を進められるかもしれない。しかしそれだけでは簡単に負けてしまうだろう。

　やはり相手を負かすには特別な武器や武術が必要だ。私はこれを絶対的な能力といっている。徹底的に能力を高めること。相対的な能力ではダメだ。どんな相手でも倒せる能力が必要だからだ。しかし戦いには戦略戦術も同時に必要である。一人が武術に秀でたとしても、項羽と劉邦の「崖下の戦い」における項羽のように負けてしまう。業界全体を見て、自分たちの戦略・戦術をつくるのである。学校では決して教えてもらえないものだ。

　皆さんは学歴や資格はおありだろうか。しかし、決して資格が必要というわけではない。もしなかったり、大した学歴でなかったりしたとしたらチャンスだ。

　なぜなら頼れるものは何もないからだ。

　プライドもないから、頭も低くしていられる。そして何よりもハングリー精神がある。弱い自分から強い自分に変えられる最高の環境といえる。

　しかも、2代目でなかったら走っていくべきレールもなく、甘えたい相手もいない。頼るのは自分しかない。

本当の意味で自分自身にフィットした仕事を見つけ、最高に強い自分をパフォーマンスできる可能性がある。

　私の尊敬する三国志の英雄の一人である司馬懿の言葉がある。「賢者は実を求め、愚者は名を争うもの」である。
　意味は、賢い人は実益を重視し、愚かなものは肩書きや名誉ばかりを求めて、つまらない争いをする。ということである。

　学歴があり資格がある人が、これから世の中を渡っていくことにおいて、それだけでは、本当の意味での勝者ではない。つまり「それだけに頼って生きていくのはよくない」ということだ。私は大学時代からそのように感じていた。表面的なプライドではなく、自分の仕事の結果が特別な存在となり、したがって、その人が亡くなったあとでも、その偉業が異彩を放ちながらプライドみたいなものとして存在すると思う。先にプライドありきではない。

　事実、多くの高卒のすばらしい社長が、大卒の従業員を抱えていることを知っている。
　私の周りで最も凄い人は高校どころか中学校しか卒業していない人である。彼は高校には入ったが、コンビニで万引きをして退学となった。しかし今は立派な社長であり、私が最も信用できる男の一人である。私との付き合いも一番長い。彼は現在、年商が３億円以上ありながら、毎日、雪の日でも新聞配達をしている。強い精神力を持っている。

彼と私との共通点は、とにかく向上心が大きく、連絡がマメで仕事のスピードが速いこと。
　彼のような人は実は極端に少ない。皆が学歴や資格に頼るからだ。

過去の自分を捨てる

　よく、学歴とか資格にプライドを持ち過ぎて、自分自身の職業選択を間違えてしまった人がいる。私はそんな人たちをかわいそうだと思う。その理由は二つだ。

　一つは、自分が本来合っていないにもかかわらず、しかも、それに気付かず学歴、専攻や資格を直接活かせる仕事をベルトコンベヤーに乗っているかのように選んでしまうからだ。

　自分自身の内なる声を素直に受け入れ、嫌な仕事だったら、学歴資格を投げ捨てたほうがいい。あくまで自分にフィットする仕事を探すことだ。

　二つ目は、前述したが学歴や資格に頼ってしまうからだ。同じ学歴や資格の人々は大勢いるにもかかわらずだ。大卒がたくさん集まる有名企業で埋没するのは楽しくない。

　ある程度は出世するかもしれない。しかしそのうち中途半端に組織に埋没して定年になるだけだ。

　本当の意味での差別化を図れる能力が身につかないまま人生を終わることになる。

　私はこういう生き方が、たまらなく嫌だった。

　私自身、早稲田大学理工学部電気工学科を卒業してから名古屋のテレビ局に入り、第一級陸上無線技術士の資格を取得した。しかしその後、これらに一切頼らず、まったく関係ない仕事を選択することにした。このように今までの自分自身にとらわれない内なる声に忠実に生きることで、本当によい仕事が楽しくでき幸せな人生を送れる。

行動力は利益を生む

　居住者に「ここに住みたい」と感じてもらうためには感動する空間や外観にしなくてはいけない。感動すれば多少高くても住みたくなる。
　どこにでもあるようなものを見ても、人は感動しない。これはマンションに限らず、どんな商売においてもあてはまる。

　値頃感を出すためには「質のよいものを造ること」が絶対条件だ。そのうえで、できるかぎり「コストを抑える」ことが大事である。そのための工夫と努力にエネルギーを注ぎ、不可能に思えることを可能にすることで、他社との差別化がより強固なものとなっていく。

　それを実現させるための手段として、「よい建材を世界から」の考えのもと私はマンションの建材を主に海外で探し、輸入するということを積極的に行ってきた。根底にあるのは「行動力は利益を生む」という考え方である。
　国内の建材だけでは選択の幅が狭すぎる。業界内の誰もがそこから選んでいるわけだから、その限界を自ら越えていかないと「見たこともないマンション」を安く造ることはできない。

　時間を縫って中国や東南アジアへと出向き、「こんなのは国内では見たことがない」「見たことはあるがこちらのほうがずっと安く買える」という建材を見つ

ける。それを輸入し、マンションを造る。

　その積み重ねが良質なマンション造りにつながる。国内の建材しか見ていない同業他社が「どれだけコストがかかっているのだろう」と思うマンションを、さほど高くない賃料で提供することができるのだ。

　たとえば洗面台一つにしても、普通の賃貸マンションは国内の大手メーカー製のものが備え付けられているのがほとんどだ。

　しかし、私はオリジナルでデザインしたものを、より安いコストで中国の工場で作っている。そのため、予算をかけずに、入居者の胸がときめくような特別な洗面台を設置することができる。

　エントランスの床材には、まるで大理石のように見えて、実はイタリアの大理石を模して作った中国製のタイルを使うこともある。600ミリ角の大版タイルだ。

　ホールに飾るシャンデリアは、目にした人が思わず何かコメントしたくなるほど個性的なデザインだ。これは特注ではなく既製品である。鏡でそのインパクトを増長させる工夫をしている。このシャンデリアも中国製で、安すぎるくらい安い。イタリアのベネチアングラスのオブジェも多用してきた。ベネチアのサン・マルコ広場のすぐ横にあるショップから輸入したものだ。このオブジェはとても美しく、形も色も最高である。

　デザインが見た目からして明らかに安っぽければ興ざめだ。しかし、訪れた人が感覚的に「このマンションはちょっとすごい」と感じてくれたなら、素材が石

かタイルかは関係ない。特注か既製品かなんてどちらでもいい。高くない賃料で、満足感や高揚感を得られることのほうがずっと大切だ。

私の建材探しは、料理人が新しい食材との出会いを求めて旅に出るのと似ている。

競争の激しい世界で、自分にしかできない新メニューを生み出そうと思うなら、隣の競争相手ばかり見ていても仕方がない。新しい食材がその食材を生かす新しい料理法を教えてくれ、新しい料理が生み出されるのだ。

何も考えずに世界へ出る。広い視野と柔軟な頭で新しいインスピレーションを得るためだ。そこから生まれた一皿はまったくのオリジナルである。たとえその料理がライバルたちに真似されても、お客さんが喜び、料理業界全体がそれによって活気づいていけば、結果的に自分の仕事にもよい影響がもたらされるだろう。

不動産業界の私もまったく同じ意識で動いている。常に刺激的な建材と、そこから着想を得た新しい建物のアイデアを求め続けている。

行動力が差別化を生み、利益の源となるのだ。

「無意識に感じる心地よさ」を追求する

　デザイナーズマンションと聞くと、無機質で生活感が薄く、逆に緊張感の強い空間を思い浮かべる人がいるかもしれない。

　私のマンションもコンクリート打ち放しやガラスを用いたデザインが多いが、実際に訪れ、入居してみれば、冷たい空間だと感じる人はいないはずだ。
　なぜなら建物の随所に「無意識に癒されるための工夫」を仕掛けているからである。癒し効果を感じるのに、入居者にデザインの知識や関心度があるかないかは関係ない。それらは原始時代からDNAに組み込まれている。どんな人の五感にも働きかける普遍的な作用なのだ。

　たとえば、すべての建物に共通するのは照明の陰影へのこだわりだ。一日頑張って働いた住人が、疲れた体をひきずるようにして建物にたどり着く。そこに幻想的なライティングがあれば、疲れがいっぺんに吹き飛んでしまう。そのような魅了する照明の演出がエントランス部分に仕込んである。

　そのほかの工夫として、入居者が出社する朝の時間帯と帰宅する夜の時間帯に、ヒーリングミュージックをかすかに聞こえるくらいの音量で流しておく。たとえばコンクリートを使う壁や天井は、直線ではなく曲線で柔らかい印象に仕上げる。

マンションのデザインにおいて私が最もエネルギーを注ぐのがファサードとエントランスの見せ方だ。言葉で表せない一見大胆で無秩序なデザインに見えるのだが、不思議と心地よく感じる。飽きることもない。そのバランスを大切にしている。

　たとえばルーバーをシンボリックに使うデザインならば、そのルーバー一本一本の間隔をきっちり等間隔にするより、バラつきを出したほうが目には心地よい。
　建物を真正面から見たときの表情も、鏡に映したようなシンメトリー（左右対称）デザインより、微妙に非対称のほうが魅力が出る。人の顔が決して左右対称ではなく、そこが表情の魅力を生み出しているのと同じだ。魅力の出し方は理屈ではない。無意識ではあってもはっきりと感じとれる心地よさの感覚なのだ。

　ところが、その演出を声高にアピールすると、押しつけがましいものになる。その瞬間から事業家の私は評論家になり、人を白けさせてしまう。私がマンションのデザインなどについてウンチクを語ることや細かな解説をしたいと思わないのは、それが理由だ。

　デザインする目的は、造り手のこだわりを具体的に知ってもらうことではない。住む人に、感動と安らぎを感じながらいきいきと暮らしてもらうことなのだ。

53

風水の教えの大切さ

　私のマンションは風水を取り入れている。デザイナーズマンションと風水という組み合わせを意外に感じる人は多いが、私がマンション造りで何よりも大切にしていることの一つが風水の教えだ。

　風水は約4000年前の古代中国の時代に発祥した「気」の力を利用した環境学である。

　衣・食・住・行動など、自分の環境をよくし、運を開いていく。具体的には間取り、エントランス、色などに応用できる。たとえば「ホワイト」は浄化作用、「ブラウン」は安定感、「ブラック」はマイナスのイメージを持つ。「グレー」は静寂。また「ブルー」は濃さによっても異なるが、プラスのイメージを持つ。「グリーン」は癒しだ。

　私のマンションの敷地は分譲マンションとは違い、決して広いとはいえない。しかし、必ず１階のエレベーターホールにはゆとりを持たせたデザイン空間がある。また、薄暗くなりがちな建物内部の奥には自然の庭を作ることにしている。

　これは風水に基づく。どんな建物でも最も重要な場所が玄関やエントランスだ。そこに自然の光や風を取り入れることが気の流れをよくするという教えに沿ったものだ。

庭の植栽デザインも私の仕事だ。建物に合わせて植える植物はいろいろだが、枯れやすかったり枝が暴れたりするものはなるべく避ける。植物の勉強も怠ってはダメだ。

　枝の一本や二本枯れていたところで、住人はそれほど細かく見ていないよと笑われるかもしれない。しかし、枯れ枝を取り除いてみると、それだけで気の流れがぐんとよくなる。その効果は誰でも肌で感じることができる。
　それこそが無意識の心地よさであり、それを大切にする風水のすばらしさでもある。

　マンションを建て、その後の管理をおろそかにする業者も多いが、常に清掃をしっかりやり、雑草を取り除き建物を常に気持ちいい状態に保っておくことは、そこを選んで入居してくれた住人のためなのはもちろん、事業の安定のためでもある。
　枯れた枝にも気づかずに庭を放置しているマンションはやがて衰退する。入居者は、建物を見て、心地よさを感じるから集まってくるのだ。管理が悪く、居心地が悪いと感じれば、当然、人は近づきたくなくなる。

　私が意識的に風水を取り入れるのには、もう一つ理由がある。それが、エコ効果の高さだ。
　自然の光や風がそこにあれば、その分照明や冷暖房を使わなくてよい。何も知らなければただの贅沢スペースにも見えかねない庭が、実はマンションのエコ効

果にとどまらず、経済的な経営にも重要な役目を果たしている。

　風水は迷信や占いのようなものではなく、人が心地よく生きていくための当たり前の知恵だ。私はその教えを積極的に取り入れる。だから、コンクリートやガラスといった硬質的な建材の建物であっても、よい気を感じ取り、人が集まる。住む人、訪れる人にヒーリング効果をもたらすのには、実は風水が強く関係しているのだ。

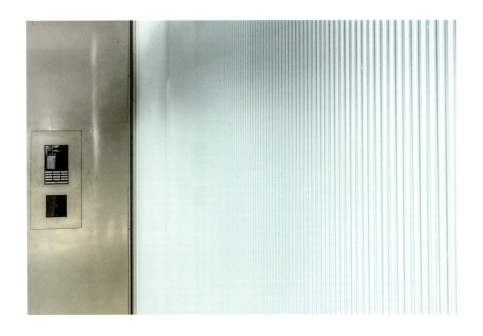

夜の表情を主役にする理由

　外観とエントランスのデザインをするとき、常に夜のシーンへの変化を頭に描きながら照明の演出を考える。その理由は、夜になり、住人が自分の住むマンションへと帰ってきたときに、ホッとして元気になってほしいと願っているからだ。

　朝は建物から外の世界へ出ていく時間であり、住人たちは元気だ。一方、夜はほとんどの人が疲れている。帰宅する彼らを正面から迎え入れる夜こそ、マンションがパワーを発揮すべき時間だと考えている。

　建物一棟一棟のデザインは違うが、すべてのマンションの根底に「主役は夜の表情」という考えがある。その考えが明確だから、デザインがぶれない。新しい建材を使うときも、それが夜にどんな見え方をするかをイメージすることで、よりよい使い方のアイデアが湧いてくる。

　夜へのこだわりは、私自身の若いころの体験から生まれている部分もある。

　大学を卒業し、テレビ局に入社した。制作技術スタッフだったころの日常は不規則で、無茶苦茶な環境で、パワハラにも耐えながら20代から30代にかけての10年余りを過ごした。

　入社して3日目には「辞めたい」と思っていた。しかし、ほかにやりたいこと

があったわけでもなく、働かなければ生活できない。

　数年後、会社勤めで苦しんでいる一方で、実家の畑が区画整理となった。手に入れた土地を活用してアパート経営を試みたが、大手建設業者にうまく利用されて失敗した。

　その悔しさから本格的に不動産事業や建築知識、デザインの勉強を始めた。ただ、会社を辞める決心はなかなかつかず、その状態を続けていたら、番組制作中に倒れ、そのまま３カ月間入院する羽目になった。倒れた原因は過労とストレスによる自律神経失調症で、過労死寸前だった。医師は「君の精神エネルギーのメーター値はゼロだ」と言った。診察を受けるまで待合室で横になっていなければならないほど衰弱していた。

　愛知県小牧市岩崎の兼業農家で育った私は、幼いころから自然に囲まれていた。そのため、当時の職場も、そのころに住んでいた名古屋市内のマンションも、常にどこか息苦しく、心身が安まることもなかった。

　もしあのころ、帰宅してホッとできる部屋に住んでいたら、あそこまで苦しまずに済んだかもしれないという思いが今もある。当時と同じくらい狭くてもいい。帰宅して建物に一歩入った瞬間から疲れが取れ、癒される空間環境がほしかった。

　私がこれまで造ってきたマンションは、ワンルームから１LDKまでの間取りが多い。事実上取得する土地の立地や面積に合わせるため、おのずと単身者や２人入居者向けの部屋になる。

マンションのデザインを考えるときに、朝から夜遅くまでハードに働くビジネスマンをイメージするのも、彼らに部屋で疲れを癒してほしいと願うのも、背景にそんな苦い思い出があるからだ。

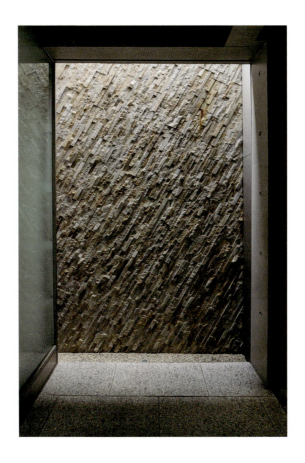

刺激を求め外国へ行く

「まだこの世にない建物を造りたい」と常に考えている。アイデアがなかなか浮かばないときは、何も欲を持たず、何も考えず、少なくとも何か一つのインスピレーションを求めて外国へ出かけるようにしている。

外国にひかれたのは20代のころからだ。南の島にひかれて、グアム、サイパン、パラオ、バリ島には旺盛な好奇心を持って足を運んだ。

南の島のなかでも特にバリ島はすばらしい。日本にはない魅力が詰まった島だ。当時、名古屋空港からバリまで直行便があり、非常に便利だった。

バリから学んだことや吸収したことは数多くあるが、一番大きいと感じるのはデザインセンスである。

ヨーロッパ人が創ったモダンなセンスとバリ人が育んできたナチュラルなセンスが融合し、独自のアジアンモダンデザインが出来上がった。このデザインは建築のみならず、衣服や料理の器などありとあらゆる場面で見ることができる。

私のマンション造りにも、バリ島のデザインセンスは影響している。スミニャクにある THE LEGIAN BALI と、ウブドにある FOUR SEASONS RESORT BALI AT SAYAN の二つのホテルは、私に最高の心がときめくデザインセンスを与えることになった。

　以来、数多くのホテルがバリ島にはできたが、この二つのホテルを超えるデザインはない。アマンリゾートが脚光を浴びてはいるが、庶民が普通に泊まれる範囲のホテルでは GHM グループのホテルのデザインセンスが一番だ。

　THE LEGIAN は GHM ホテルの一つである。GHM グループのホテルは、建築デザインだけではなく、スタッフの衣装デザイン、ホスピタリティ、フラワーの香りまで、五感で感じられるすべての演出が超一流である。食器もただの器ではない。料理を彩りよく見せるための皿状のオブジェという感覚で選ばれている。もちろん、レストランから望む景色も計算されている。

　ホテルにあるさまざまな要素が、すべて上質な非日常を生み出す空間的演出であり、ホスピタリティなのだ。

67

みんなと同じものは見ない

　これまでに25カ国ほど訪れた。刺激的だったのはニューヨーク、バルセロナ、バリ島など。

　ベネチアもよかった。泊まったホテルのドアの取っ手のデザインがブルーのガラスで美しく、エレベーター内の壁がこれまた英字の入ったガラスでシュールだった。

　ただ、私は世界遺産のような古い建物にあまり興味がない。街全体が昔の景観を保っている場所にはあまりひかれない。

　バルセロナには観光客のほぼ全員が拝みに行くサグラダファミリアがある。私も現地に立ち、建物を見上げてみたが、古い仏像を見るときのような退屈な気分にしかならなかった。

　だからすぐにタクシーをつかまえ、15分かかる開発区を目指した。そこには、フランスの建築家であるジャン・ヌーベルや伊東豊雄が設計した斬新なホテルがある。ジャン・ヌーベルが建築したその異様ともいえるオーラを放った建物を目にしたとき、はじめて「何だ、これは！」「こんな建物は見たことがない！」と刺激された。

だからといって私はジャン・ヌーベルの建築を真似したいとは思わない。そもそも新しい建物を造るために使える費用が私と彼とではケタ違いである。

　私が吸収すべきなのは、彼の建物の隅々まで宿った、遊び心だ。そして、冒険心に溢れた発想、どこかシュールさのあるデザインセンス、訪れた人を感動させる特別なパワーだ。

　デザインのこだわりが強い圧倒的なスケール感を持つ建物を前にすると、めちゃくちゃカッコイイなと感動する。かっこよさを理屈で説明するのは難しいが、私は「どうしてかっこいいのか」を建築的に（何の建材をどのように組み合わせているかなど）分析する。

　震えるような感動を体験すると、いてもたってもいられなくなり、写真をパシャパシャと撮りまくる。自分の脳に心地よい刺激を植え続けるのだ。同時に、世界遺産の建物を気にしたり過去を振り返ったりしている間は、新しいインパクトを生み出すことはできないということが、よくわかるのだ。

　忙しくても、わざわざ海を渡って外国まで出かける意味は、まさにそこにある。

強い気概からデザインが生まれる

デザインに対する強い好奇心はあっても、闇雲に外国に行くことは無謀だ。

当時インターネットもなかった時代、私はデザインをまったく知らなかったので、行くべき外国を知るために本屋に行き外国のホテルの写真を見た。自分の目で見ることがまずは大事だと思ったのだ。

外国へ行ったときも本屋に行き、建築デザインの本を少なくとも5冊は買う。一冊の本のなかで、本当にかっこいいデザインは数ページしかなかったとしてもだ。

ここで最も大切なことは、写真のデザインや本のなかのデザインではない。写真を撮ろうと外国まで自分を運んでいくという強い気概。そして現地の本屋を探してまで、なんとかして適切な本を読んで選ぼうとしている気概が重要なのだ。

なぜなら、これらの気概を持ち努力している人を天は見ている。天に、ここまで頑張っている人なら褒美をあげよう、と感じさせるまで努力することだ。

よく運がよい人悪い人がいるが、私は神頼みなどをまったく信じない。神頼みする人たちは、まだまだ努力が足りないと思っている。なぜなら「努力のみが運を支配する」からだ。

私は中国の歴史の三国志が好きである。そのなかで英雄たちはよいこと悪いことが意に反して起こると、空を見上げ「天意よ」と叫ぶ。しかし、最後に勝ち誇った司馬懿をはじめとする司馬一族は、もっぱら勤勉に励み、冷静に行動を起こすべき時を読んだ。最初に天頼みするのではなく、ここまで臥薪嘗胆したのだから天は微笑むはずだ、我々一族は勝って当然だ、と悟っていたのだ。

　私の場合、まだまだ不動産の賃貸収入が小さいときは、雨が降るなかでも傘もささず、アパートの周りを掃除した。座り込んで短いブラシで掃除したのだ。会社のスタッフがいる・いないかではない。今でも、私は雨のなかでも傘をささず仕事をする。その私の仕事に対する気概は、必ず天が見ているといつも感じている。

　また、ここまで自分がやったのだから、特別なデザインが自然に天から脳内に降ってくるかのように生まれるのだと確信している。道路を歩いているとき。夜中に起きたとき。外国で建物を見たとき。あるいは、何もせずボーっとソファに座っているときにこそデザインが思い浮かぶのだ。

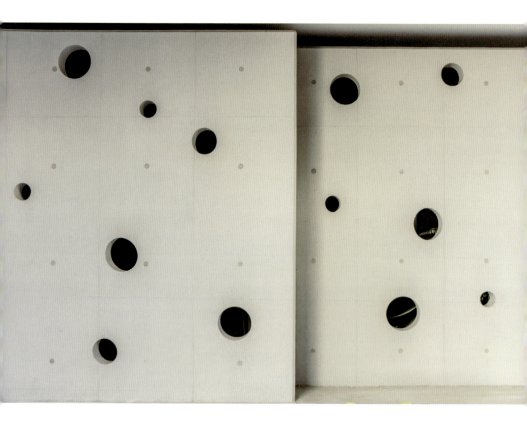

本能で動き回る

「街を変えたい」この一心から私は今の仕事を始めた。

　面白くも楽しくもない住空間は、住んでいる人が抱える日々のストレスを解消してくれない。そのような住居が立ち並ぶ街も、当然ながら活性化しない。

　そういう状況をデザインを通じて変えていくことが私の使命だ。

　かっこいい服を着たい、かっこいい車に乗りたいと思うのと同じように、私たちはかっこいい部屋に住みたい。

　かっこいい部屋は家賃が高くて手が届かないと思っている人もいるが、そんなことはない。いい建物を安く造れば、借り手にも安く提供できる。それが不動産業界における私の役割ともいえる。

　その役割を果たすために、私は世界を飛び回り、いい建材を見つける。使い方を編み出し、新しい価値を生み出す。

　土地探しも重要だ。当たり前の話だが、土地がなければマンションは造れないからである。

　安くてよい建材があるように、日本列島を俯瞰して見れば、これから発展しそうな場所が手付かずのまま放置されていることもある。

77

そのような土地は安く手に入る。潜在的な価値を見出せば、そこに斬新なマンションを造り、街全体を変えていくことができる。

　そのために、毎日のようにいい土地を探す。新しい土地情報が出ているかもしれないと期待し、インターネットで探しまくる。

　決して簡単ではなく、砂場の中でダイヤモンドを探すくらい難しいが、そこを通らずに街を変えることはできない。

　いい土地のイメージが湧いてくるから、「これはいい」と思った瞬間に即決、即断できる。

　子どもがおいしそうなお菓子を見つけ、迷わずに買うように、いい土地があったらすぐに買う。

　ダイヤモンドよりもはるかに高価なものを、お菓子を買う感覚で買うのだ。

　現在、日本国内の人口は刻々と減少している。地方は過疎化し、空き家問題も深刻だ。

　しかし、それはあくまでも全体的な傾向の話だ。私が造るマンションは、常に満室をキープしている。なぜ満室になるかというと、そこにはときめくデザインがあるからである。

　ほかと違うことを重視し、ほかにないものを造る。マンションは星の数ほどあるが、差別化できれば入居者は集まる。

　差別化なくして企業は存続できない。

　どうやって差別化するかというと、一に行動、二に行動だ。

　考えている暇はない。考える前に行動である。

本能で動くといってもいいだろう。

　満月の日、どこかの島の赤ガニは産卵のために海に向かう。私も同じだ。本能で動く。差別化のヒントを求め、動き回る。自分の感性を刺激するために外国に行く。

　そのような行動力を持つ人が、どんな世界でも成功するのだと思う。

すべては情熱が行動力を生む

　時間を作って外国に行くのは、行動力を発揮する一つの例といえるだろう。

　なぜ外国に行くのかというと、国内にないものが外国にはあるからだ。

　前述したバリのホテルがその一例だ。自分の感性を磨くために、外国にあるものを見に行く。

　すばらしい建築物を見ることにも意味があるし、建材展覧会に行くことにも意味がある。

　そのような場でインプットしたことが混ざるか、変化して、私の場合は、のちにデザインとしてアウトプットされる。インプットの質と量はアウトプットの質に影響するため、デザインに限らず、インプットしていない人のアウトプットは価値が高まらない。

　その際に重要なのは、すばらしい建築物などを漠然と見るのではなく、しっかりインプットすることだ。

　すばらしいと感じたら、何がすばらしいのか具体的に他人に説明できるようにとらえる。好奇心の塊になって、ありとあらゆるものに目を向ける。

　それができないのであれば、外国に行っても時間の無駄になる。

　外国に行く動機は、「新しい何かを自分にインプットしたい」「見たことがない何かを見に行きたい」という気持ちと紐づいていることが重要だ。

外国に行くからインプットが増えるのではない。好奇心があるから、ひとりでにインプットできる。

　したがって何も考える必要などない。とにかく外国に行くだけでよいのだ。その順番で考えるから行動力が高まるのだ。

　重要なのは、飽くなき好奇心だ。外国に行く時間がなければ、時間を作る。どうしても時間が作れないなら、外国の文化、発想、考え方、ものづくりなどに触れる機会を意識的に増やす。

　たとえば、私の事務所の打ち合わせルームは書棚に洋書が並んでいる。

　実際に現地に足を運び、五感で感じ取るのとは違い、書物は視覚的な画像のみにとどまってしまうが、いつでも手に取ることができ、外国の建築物を見ることができるだけでも多少のインプットにはなるだろう。

悩む時間を減らし、即断即決する

　強く目標を持ち、好奇心から行動することのみが、感性を磨くことにつながる。また、悩む時間を短くすることにもつながる。

　仕事をしていると、「どうしたらいいだろうか」「何をすればいいだろうか」と悩む局面にぶつかる。

　この「悩む」という行為は、一般的に「考える」と言い換えられることも多い。

　仕事について考える、戦略を考えるといった文脈で使われる「考える」という行為は、簡単にいえば「悩んでいる」ということなのだ。実は、本当に「考える」人は極めて少ない。1日でできることを3日かかれば、10年でできることが30年かかる！　もう定年だ。

　なぜ悩むのか。判断材料が足りないからだ。つまり、インプットが足りない。

　こういう状況のときはこうする、こういう状況に変わったらこうするといった情報が不足しているから、「どうしたらいいだろうか」と悩んでしまうのだ。

　インプットを増やせば、おのずとその時間が減っていく。判断や方法について悩む必要がなくなり、最終的にはゼロになる。あらゆることを即断即決できるようになる。

　判断が早くなれば、1歩目を踏み出すのも早くなるだろう。インプットの量が決断を早め、決断が早くなることで行動も早くなるのだ。

　私は常に、即断即決を心がけている。

　パートナーやスタッフにも決断の早さを求める。

保険に入るなら自分に投資する

　インプットデザインの種類（材料）が増えれば必然的に感性は磨かれていく。急に感性が鋭くなるわけではない。インプットを重ね、新しいもの、斬新なものにたくさん触れながら、徐々に、しかし確実に感性は磨かれていく。外国人と比較すると、そこが日本人の致命的に弱いところだと思う。島国でインプットがまったく足りないから感性が大衆化している。駅前に行って、ぐるりと周りを眺めてみれば体たらくな感性が蔓延していることがすぐにわかる。どこを向いても同じ形で、新しさのないビルばかりだ。

　残念ながら、今の教育システムには感性を磨くという概念がない。そのことを憂えても仕方がないので、自分で外国に行き、感性を磨くしかない。そのためにはお金がかかる。時間も手間もかかる。

　しかし、それは感性を磨くために必要不可欠な投資だ。社会に貢献し、人の役に立つためには、自己投資の考えを持って自分を高めていく必要があるのだ。その観点から若い人にアドバイスするとすれば、生命保険などにかけているお金を自分への投資に回したほうがよいということだ。保険料として払っている分で、本を買い、読みこむ。外国に行く。講演を聞きに行くのもいいだろう。

　そうやって自分を動かし、吸収することにより、インプットが増える。見聞きしたことや、「なぜだろう」「どうしてだろう」と分析したことが頭の中に蓄積され、自然と頭が柔らかくなる。発想が柔軟になり、新しいものを作り出す力も生まれるのだ。

メモはいらない

　インプットする力を高めるために、私が実践していることがある。

　それはメモを取らないということだ。

　なぜメモがいらないかというと、メモを取ることと記憶することがまったく別のことであるからだ。

　メモに書くということは、メモ帳に覚えさせるということだ。自分の頭には入らないし、メモ帳に書いたことすら忘れてしまう人もいる。あとで思い出すことがあったとしても、メモを探し出すのに時間がかかる。

　そのような作業は仕事ではないと思っている。メモ帳は分厚くなるが、自分の頭で覚えていることは一向に増えない。

　100ページのメモのなかから、こことここの10カ所の組み合わせがベストだと、いちいちメモを開いて発想なんかできない。だから、すべて脳内に入れておいてあるから瞬間でカオス的に複合的に組み合わせて、ベストな形を発想するのだ。重要だと感じたことは、その感覚を重視し、五感で覚えなければならない。

　たとえば、すばらしいと感動する建物を見たら、メモすることすら忘れてデザインに見入るだろう。メモできないほど集中しているので、自然とデザインを記憶できる。

　外国で何かをインプットするときは特に、それくらい集中してあらゆるものと触れることが重要なのだ。

実際、私はメモ帳を持っていないが、重要だと感じたことは確実に記憶している。

　打ち合わせで話すことはその場で数分足らずで決めるし、設計図も頭に入っているから、メモに頼ることなく現場で指示することもできる。

　そのような話をすると「記憶力がいいのですね」と言う人がいるが、重要なのは記憶力ではない。自然と記憶してしまうくらい集中しているかどうかが重要なのだ。子どものように、夢中になっているのだ。

　遊びに熱中している子どもは、あらゆることを記憶する。ゲームの攻略法を覚え、スポーツのルールを覚え、その記憶を踏まえて、どうやったらうまくできるか考えている。メモを取りながら遊んでいる子どもはいない。一つの世界に入り込んでいる人にメモ帳はいらないのだ。

　仕事も同じで、集中して取り組んでいれば、自然と重要なことが記憶できるようになる。メモを取りつつ、覚えようとして覚えるのではなく、勝手に覚えてしまうくらい集中することが重要なのだ。

外国語はコミュニケーションの基本

　外国で何かをインプットするのであれば、コミュニケーション手段として語学ができなければならない。

　たとえば我々は中国でよい建材を探すことが多い。だから、私は中国語を学んだし、社員にも英語か中国語を勉強するように伝えている。

　中国以外であれば、だいたい英語が通じる。中国は英語が通じないことが多いので、中国語を学ぶ。中国には欧米人がデザインした安いコストですばらしい建材や、建物デザインがあるからだ。

　また中国は、働き方の文化として、相手のことを信用できるか、パートナーになりうるかどうかといったことを重視することが多い。社外に対しては、飲食を共にし、同じ言葉で語り合う。社内では仲間意識、家族意識を醸成する。

　近年、日本では組織と個人の線引きを明確にする。社員旅行をする会社が減り、新年会や忘年会といった会社の行事も、出たくなければ出なくていいという自由参加になっている。

　しかし、中国はそうではなく、コミュニケーションを根底として仕事が進む。相手と同じ目線に立ち、コミュニケーションを取るための大前提として、言葉ができることが非常に重要だ。こちらが一生懸命中国語を学べば、その姿勢が相手に通じ、それが信頼につながっていく。

そもそも外国語ができなければ、交通機関を使って、相手の会社に行くのにもひと苦労だ。商談をできないだけでなく、仕事以外の時間でも、言葉が壁になり、自由に行動できなくなる。
　それでは外国に出ても楽しくない。
　重要なのは、外国にある新しい発見を子どものように楽しむことだ。好奇心があれば出張も楽しい。
　その点から見ても、外国語を身につけることは重要である。

この世で一番恐ろしいのは人の心かもしれない
安易に他人を信用してはいけない

　前にも記したが、バリ島で得た感動は、私の仕事の根幹をなす貴重な経験になった。

　同時に、その経験が、経営の壁を痛感することにもつながっている。

　壁は何か。人である。

　いくら能力や学歴があっても、周りを凌駕するくらいの情熱と努力を持ってしても、騙そうとする人は常にいる。そういう人が近づいてくるリスクが壁を作るのだ。

　バリ島のすばらしいホテルを見て、私は日本にも非日常性が強いホテルを造りたいと思うようになった。しかし、沖縄本島や石垣島に行ったが、私が造りたいホテルの土壌ではないと感じた。

　そんな折、沖縄県の宮古島を訪れる機会に恵まれる。2017年6月18日のことだ。私にとって初めての宮古島だった。

　渡航目的はリゾートホテル用地やリゾートマンション用地を探すことだ。初日からレンタカーで宮古島をぐるぐる回り、いろいろな人に会い、島の情報を得た。

　もうすぐ那覇空港よりも大きい滑走路を持つ下地島空港ができる。中華系の観光客が大型船で観光に来ている。大手不動産会社がリゾートホテル用地を買い、開発を進めている。

宮古島の面積は石垣島より小さい。しかし、山や川がなく、広大なサトウキビ
畑が広がっている。島の周りは世界有数の透明度を誇るサンゴ礁の海だ。まさに
日本に残された最後の楽園であるとその時確信したし、今もそう信じて疑わない。
　毎月のように宮古島を訪れた。主に訪れたのは海沿いのエリアである。
　どうしても宮古島にバリ島のようなリゾートホテルを造りたかった。そのため
には海沿いの土地を取得する必要があったのだ。
　同じことを考えている同業者は多く、海沿いで１万坪以上の土地はすでに大手
不動産会社が確保していた。また、取得可能な土地も少なかった。海沿いの大部
分の土地は農業振興地域であり、ホテルのような建物が造れない。
　そんな状況のなか、やっと見つけた土地が一つあった。来間島の南西海岸に面
した5000坪の土地だった。価格は２億5000万円。土地代を含む総工費は15億円
ぐらいになる計算だった。
　売主は、仲介業者を通して県の押印があるリゾートホテルの開発許可書と、宮
古島市の作成した、農地転用が問題ないと書かれた書面を提出してきた。
　奇跡といってもいい出合いである。
　しかし、そのような土地と出合えたが、何か引っかかっている部分があった。
私は「農地転用許可まで出ているのに、売主はなぜホテルを建てなかったのか？」
と聞いてみた。
　仲介業者は「本業がうまくいかなくなったからだと思う」と言った。
　その場所に立ってみると、眼下に美しい長間浜が広がった。最高の土地だった。

どうしても買いたかった。

　宮古島市の水道はこの土地の1300メートル手前までしか来ていないので、この土地まで水を引き込むには2000万円ほど余分な出費がかかる。それも承知のうえで、私は喉から手が出るほど買いたいと思った。仲介業者も、早く手数料がほしいのか、「来週、東京で契約をすることにしましたので手付金として2000万円用意してください」と伝えてきた。
　迷う理由はない。私は「わかりました。ありがとうございます」と即答した。
　しかし、契約日の前日の夕方になって、急に不安になった。奇跡ともいえる物件と出合えたことに対する違和感が拭えなかったのだ。
　居ても立っても居られなくなり、宮古島にいる仲介業者の知人に確認してみることにした。
「どうして、あそこの土地にホテルが建たなかったのですか？」
　すると、思わぬ答えが返ってきた。
　仲介の知人は「あそこにはホテルは建てられませんよ」と言ったのだ。農地転用許可は出ている。なぜダメなのか。理由はわからなかったが、私はすぐに会社のスタッフに連絡し「売主の許可書の信憑性を調べろ」と大至急で命じた。
　結局、その日は当局の業務が終了していたため結論が出なかった。翌日、契約日当日になってスタッフの調べにより、沖縄県の農地転用許可が出ていないことがわかった。つまり、宮古島市が農地転用できると判断しても、沖縄県の農地転用許可がなければホテルは建てられないということである。その知らせを受けたとき、私は契約を行う東京行きの新幹線の中にいた。

ぎりぎりその知らせを聞いて、私はその日の契約を断った。

　売主も仲介業者も、県の許可がないことを知らなかったはずがない。私は運よく災難を逃れたが、ショックは大きかった。

　実は、この取引の仲介業者は10年以上の知人であった。過去に付き合いがあったから、私は過度に信用してしまった。それがすべての原因である。どんなに付き合いが長かったとしても、安易に他人を信用してはいけない。

　この経験をきっかけにして、私は思わぬところで壁にぶつかることがあるのだと知った。順調だ、安心だ、大丈夫だと思っているときほど、気を引き締めなければならないのだ。

相手の言動はコントロールできない

　人生にも経営にも壁はあるのだと思う。

　マンションデザインの場合、デザインの発想力が壁になると思われがちだが、実はそうでもない。

　デザインは、納得いくまで集中し続け時間をかければ閃くものだ。そのため、閃きを待つまでの間は一時的に足踏みすることになるが、壁というほどたいした課題ではない。

　私の場合、壁となるのはやはり人である。

　他人とのやりとりが壁になった例でいうと、前述した宮古島の件は金銭面での損はなかった。しかし、その前に名古屋市内で起きた大きなトラブルにより、３億5000万円ほど損したことがある。建設中だったマンションの工事が建設業者の都合でストップになり、再開するために３億5000万円の追加費用がかかったという出来事であった。

　工事がストップした理由は、依頼した建設業者が資金不足に陥ったかららしいが、未だ定かではない。当社に落ち度はないため、最初は裁判で決着をつけようと考えた。

　しかし、裁判は時間がかかる。造りかけのマンションは鉄筋コンクリートで、防水加工等の仕上げをしていないため、雨が降るごとに劣化していく。

　苦渋の決断であったが、私は裁判をやめてマンションを完工させることを選んだ。工事を引き継げる第三者の工務店を見つけ、契約金にプラス３億5000万円払っ

てマンションを完成させることを選択した。

　これも突き詰めていえば、契約の相手を信頼しすぎたことが原因である。以来、たとえ、知人の紹介業者であっても、契約前には調査機関で調べることにしている。

　壁というと、自分の能力や資金力の限界などを思い浮かべる人が多い。しかし、壁を作っている原因が自分自身なら、自分の力でどうにかできる。能力がないなら努力すればいいし、資金がないなら銀行との交渉力でなんとかすればいいのだ。

　怖いのは他人が作る、倒産に追い込まれかねない壁である。

　自分のことは自分でコントロールできるが、他人をコントロールすることはできない。人の心ほど難しいものはない。やるべきことをやり、経営が順調だったとしても、想定外のことが起きる。組織を守り、従業員を守る責任がある経営者として、そのリスクを常に警戒しておくことが重要なのだ。

他人を信じきるな！　自分を信じろ！

　人は誰でも、自分のことはある程度わかっている。しかし、他人のことはわからない。いかに近い関係の人でも、本心で何を考えているか正確に知ることはできず、相手の思考や行動をコントロールすることもできない。

　自分と他人が別人である以上、この壁を完全に乗り越えることはできないのだ。

　マンションのデザインを例にすると、ある程度の時間、たとえば長くても１カ月かければ、デザインそのものは決まっている。私の頭の中で出来上がっている。

　しかし、それだけではイメージ通りのマンションは造れない。施工するのは現場の人たちであり、その人たちを動かすのは設計図と建設資金（契約書で決まった金額）だからである。

　仮に私が思い描くイメージが、設計士に理解されていなかったとしたらどうなるか。

　イメージと異なる設計図ができ、その図面をもとに、イメージと異なる建物が出来上がる。

　私は、基本的には工事が始まってからは、軽微な変更以外、内容を変更することもないし、始まる頃にはそのデザインに関するイメージはすべて３Ｄの立体で頭に入っている。

　10棟のマンションくらいはすべての細かいデザインまで私の頭に入っている。私がデザインしているから当然である。仕事はこれくらいのレベルでやらないと成功しない。変更するときがあるとすれば、設計図が間違っているときである。

私の頭にあるイメージが、必ずしも設計図に反映されているとは限らない。イメージが伝わっていなければ、本意ではない建物ができてしまう。だからこそ、事前の設計士とのコミュニケーションは重要であり、依頼する相手によって、想定外の壁が生まれることもあるのだ。

　それは、収支が合わない、ゼネコンの建設見積りが出てきたときも同じだ。設計図をゴミにするしかない。

潔く諦めることも重要な能力

　賃貸マンション事業である以上、すぐれたデザインだけではダメだ。あくまでも、予算ありきである。うち出のこづちのように、お金が出てくるわけではない！事業資金の出どころは銀行であるから、おのずと予算は決まっているのだ。だから設計段階のやりとりでは、いつも予算が壁になる。

　空間や外観は立体である。このデザインは私の頭の中にＸＹＺの立体空間として浮かんでいる。これを第三者に伝えるのに必要な手段は、設計図という、平面的な図面しかないのだ。たとえばフェラーリという車を平面図に表すと興ざめになるか、本当の形をイメージしにくくなる。マンション建築の流れとして、いつもまず私が頭の中でイメージを完成させ、そのイメージを設計士に図面化してもらう。図面はいわば、私の３Ｄ立体のイメージを現場の職工さんたちに伝えるための平面ツールである。

　その過程で、たまに私が考えるイメージと予算が合わないときがある。たとえば、鉄筋コンクリートのマンションを月10万円で賃貸に出す事業計画のとき、設計後の見積もり段階で明らかに建設費が予算オーバーとわかったようなケースだ。

　この壁には抗えない。もちろん、建材調達などの面で建築費用を抑える工夫はするが、そのような表面的な取り組みではどうにもならないくらい予算オーバーになることもたまにある。

　そうなったときの解決策は一つしかない。

　頭の中で作ったイメージを捨て、設計図もゴミ箱に捨て、ゼロから事業を見直

し、また作り直すことだ。最悪苦労して獲得した土地もいったん手放し、すべてをゼロにして考え直す。

　図面化まで進んだイメージを捨てるのはもったいないが、予算の壁を乗り越えるには、それが最善の方法であり、唯一の方法なのだ。私は、何ごとが起こっても決して動揺はしない。冷静に次にすべきことだけを決定するだけだ。

　それでもなんとかコストを抑え、イメージに近い建物を造ろうと考える人もいるだろう。しかし、その結果として出来上がるのは、イメージに近い建物であり、イメージ通りの建物ではない。造り手として一定の満足感や達成感は得られるかもしれないが、コストを無理やり下げる分だけ住む人の満足度も下がるだろうし、収益性も下がる。あくまで、妥協できるレベルまでは、事業である以上ありえなくもない。しかし、そのような物件を世の中に増やしても意味がないのだ。

　言い方を変えると、建設費用が高すぎて、どうにもならず、実現不可能だとわかったときに、それまでの努力や、支払い済みの設計費用をきれいさっぱり捨てる勇気が必要だということだ。

　悪い過去に固執するのは事業家のエゴである。

　借り手や貸し手のことを本気で考えるのであれば、エゴにとらわれてはいけない。

　実現不可能とわかったときにきっぱり諦めることも事業家の重要な能力の一つだ。

　エゴのみで突き進み、諦めないのはストーカータイプである。

　その点に気づかず、周りを考えずに突き進もうとするビジネスマンは案外多い

かもしれない。その間、時は過ぎていくだけだ。
　フェラーリのように強烈なアクセルで加速するのであるからこそ、そのスピードを急速に止める強烈なブレーキも必要なのだ。
　緩急をつけた運転ができない人が、予算の壁にぶつかり、クラッシュしてしまうのだ。

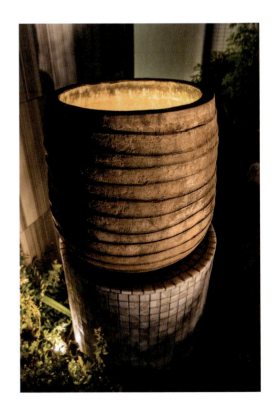

「空間力」とは何か

　建物をデザインするとき、ゴールとしてブレてはいけないのが「空間力のある場所（スペース）にする」ことだ。感じ方は2種類ある。その空間のなかで感じる。もう一つは、その空間を外から感じる。

　照明や音や植物による心地よさの演出については前に触れたが、大前提として、建物自体に空間力がなくてはどんな演出も活かせない。

　空間力のある建物とは言葉では本来表現することが間違っているし、事実表現できないが、最低限、「刺激と安らぎと色気を感じる場」だ。

　その表現方法を考えるうえで参考になるのが、風水の「陰と陽」の思想だ。相反する性質同士が共存することで、自然のバランスが保たれるという考え方である。

　超モダンなものと原始的なもの、たとえるならコンクリートと竹のように、一見まったくキャラクターの違う素材を組み合わせる。すると、上手な工夫によりミスマッチは起きず、むしろしっくりと調和する。そこに絶妙なバランスが生まれるのは、陰と陽の関係だからである。これはバリ島のモダン建築にも見られる。

　空間力を高めるためには、原則的には、線、色、凹凸はできるだけ少ないほうがいい。ごちゃごちゃと要素が多い部屋では誰でも落ち着かない気分になるよう

に、すっきりとした空間であることが大事だ。

　ただし、白一色の、のっぺりした壁に囲まれた部屋がいいかというと、そうではない。何かエッセンスがほしくなるし、シンプルな空間にほのかなエッセンスを感じたときに「色気」が生まれ、場の空間力が上がる。

　洋服にたとえるなら、ノーネクタイで白シャツ1枚を着て白いジャケットで白いパンツを着ているときよりも、紺のジャケットを羽織ったり、赤いネクタイを締めたときのほうがバランスがよくなる。洋服の世界にピタッと決まるバランスがあるように、空間にも「落ち着くポイント」がある。
　空間の話が難しいのは、誰にでもわかるような法則にしにくいことだ。だからこそ、常に空間力のある場を探し求め、歩きまわることが大事だ。言葉に表せないことだからこそ、五感全体で空間を味わって、自分の感性を養うしかないのである。

今の自分を進化させ続ける

　新しいマンションのデザインコンセプトを詳細に伝えるときは、閃いたデザインを設計スタッフに説明しつつ、ボール紙で作ってみたり、スケッチに起こしてみたりする。

　しかし、工事に入ったら、デザインを建設担当者に伝えることが難しい。それくらい私のデザインは緻密で難しいらしい。はじまりとなったアイデアを、伝えることが大変なのだ。建物の工事が始まったのなら、私の意識は次の新しい建物を造ることに向いている。はじめイメージした物体（建物）を実現化するために、そのデザインは完成までは私の頭の中にあり続けることになる。しかし、完成後は、そのデザインの一切を捨て切る。

　重要なのは、今の自分を進化させ続けることだ。一つひとつのマンションに目一杯の情熱を注ぐが、そのアイデアにはこだわらない。潔く捨て、頭に残さない。自分の頭をいったんゼロにリセットしてこそ、次のオリジナルを生み出せる。

　どんな業界においても仕事は競争である。そのなかで勝ち残っていくためには、周りや過去を気にしないからこそ、常に未来に向けてオリジナルを生み出せる。
　しかし、誰もがそう考えるわけではない。周りや過去を気にする同業他社により、自分が造ったものが真似されることもあるだろう。

そんなときも真似されたことを悔しがる必要などない。仕方がないことだからだ。むしろ、大歓迎だ。

　私は前しか向いていないから、そんなことはどうでもいい。よいものだからこそ真似されるのだし、自分が造り出したものを真似た建物が増え、その結果として市場や街が活気づくのは社会貢献となり、広い視野で見ればとてもいいことだ。

　長年振り向かれもしなかった地域に、あるとき突然、一棟のデザイナーズマンションが建つ。その後、雨後のタケノコのように似たようなマンションが次々と建ち始め、街の価値が以前とは比べものにならないほど高くなる。

　そのことを喜べてこそ、私たちデザイナーズマンションを造る仕事をする者の資格が与えられると考えている。

　事業である以上は利益を生み出し続けなければ企業は存続できない。しかし、同時に世の役に立ちたいという姿勢をけっして忘れてはいけない。そうでなければ世によい影響力をもたらすような感動空間を提供できる仕事を、手がけられるようにはならない。

非常識なデザインが常識なデザインとなる

　新しいアイデアの種はあちこちに潜んでいる。かっこいいなと感じる風景に出会ったら、そのかっこよさがどこから生まれているのかを、まるで子どものまなざしのようによく見る。

　すべてがかっこいいとはいえなくても、部分的に光って見えるパーツが見つかることもある。だから、ぼんやりしていてはいけない。いつでも子どものときの純粋な心を持ち、五感を研ぎ澄ませ、街を歩かなくてはいけない。ケーキ好きの女の子がケーキ屋さん巡りをするのとまったく同じだ。

　また、街中にはよいアイデアの種もあるが、悪いアイデアの種もある。実はその出会いも重要だ。もしかっこ悪いなと感じるものを目にしたら、何が悪いのだろう、どこを直せばよくなるのだろうと瞬時に感じる。そのような感性も新しいアイデアを探すことにつながる。

　　街を歩きながら、ふと気になった建物をよく見てみると、たとえば「そうか、部分塗りしているあの色のトーンがもっと深ければ、ぐっと洗練された印象になるんだな」と気づくことがある。そのような気づきが自分のなかにアイデアの一つとして蓄積されていく。そのうち、自分のなかでデザインの良し悪しを計る物差しができていく。

　私が一番大事だと思うのは、外国の街に行き、常識が吹っ飛ぶくらいわけがわからない最先端で見たこともないカッコイイ建物を見ることだ。そのうち街の景色をそうした目線で自然に見回せるようになる。

アイデアのソースは街の景色だけではない。たとえば私はマカオで宿泊したウィン・パレスホテルでおみやげを買い、品物を入れてもらった黒色と白色と赤色の紙袋からインスピレーションを得て、マンションのファサードのデザインを閃いたことがある。向上心と好奇心が常にあれば、デザインの材料はどこにでもある。同じカテゴリーだけでなく、地球上のありとあらゆるものからでもヒントがもらえるのだ。

　京都のように歴史や伝統を重んじる街でも私は、伝統を守りつつ、今までにないデザイナーズマンションを造る自信はある。一方、何十年も時が止まったような街にモダンなデザインのマンションを建てるときには、「その街の風景に馴染むか」「今の街並みの調和を乱すのではないか」といった遠慮や躊躇はしない。なぜなら、街には古い工場や古ぼけた建物しかないからだ。

　最初の新しい一棟を投入するときは多かれ少なかれ違和感を持たれる。それを恐れたら先駆者にはなれないのだ。事実、その場によい刺激を与えるものだったから、あとに続くものはどんどん出てきた。地域全体が再生した現在は、最初に造られた建物に違和感を持ったことなど誰もが忘れて、街の活性化を喜んでいる。非常識なデザインが常識なデザインとなったのだ。

　ずっとこのままの状態で残ってほしいと誰もが思っている京都のような街並みでも私はできるが、消極的に更新が止まってしまった場所、誰かや何かによって変化がもたらされることを待っている場所もある。そういう場所を見つけるハンターのような嗅覚を磨くことがとても大事だ。

115

カオスデザイン

シンメトリーな左右対称のデザインは飽きやすいし、なぜか面白くない。

人の顔もよく見ると左右対称ではないし、左右対称では気持ち悪いと思う。

だからこそ、私は建物の外観デザインはシンメトリーにはしない。また、仕上げ材であるルーバーも等間隔に並べないときがある。

シンメトリーの代表的な建築物はベルサイユ宮殿だ。私はここに行ったことがあるがたいして感動しなかった。一瞬表面的にはきれいだとは感じるが、深く感動はしない。

一番感動したのは、シンガポールにある、アシンメトリーをはるかに凌ぐ奇妙なデザインマンション群だ。

ただし、アシンメトリーのデザインにも心地よく感じるルールが必要だ。このルールに反するとチャランポランなデザインとなってしまう。

人には心地よく感じるルールがある。黄金比もそうだ。アンモナイトの貝殻は、黄金比によって巻いているので、バランスがいい。人間がつくった規則ではなく、自然界がつくったルールによって、この世はできているのかもしれない。

私はこれを「揺らぎ」だと大学で学んだ。大学時代に学んだことで唯一ためになったことだ。

この自然がつくったルールの名前をカオスというらしい。

なんだかわからない言葉だが、要するにこの宇宙に存在するものは規則性もな

く、ある程度読めるが、正確には読めないということだ。

　数学的に言うと、発散もしないし収束もしない。二つの間でランダムに動き回る。

　たとえば地震はいつ起きるかわからないが、少なくとも何年に1回の確率で起きる、というようにだ。台風もいつ起きるかわからないが、年間の数はだいたい決まっている。これもカオスだ。

　建築では、このカオスを利用するとイカしたデザインとなる。

　具体的なカオスデザインのわかりやすい例はルーバーの配列である。繰り返しになるが私はルーバーを等間隔に並べないときがある。じゃあどういう規則で並べるか。ここで登場するのがカオスだ。ルーバーの間隔がゼロでは接触してしまうので、限りなくゼロに近い数字から、最大の数字を決め、これをカオスの数式に入れると、ランダムに数字が数列として並ぶのだ。この数列の数字の寸法だけ開けてルーバーを配列させていくのだ。

　結果、等間隔のルーバーよりもイケてるデザインとなる。理由はわからない。ただいえることは、先ほど書いたが、人の脳は揺らぎがあるほうが心地よく感じるようにできているということだ。

　たとえば、音楽にしてもモーツァルトやaikoの音楽は揺らぎがある。aikoの音楽は半音上がったり下がったり奇妙キテレツな音階を多用している。だから、聴く人は心地よいと感じるらしい。デザインも同じだ。視覚と聴覚も結局、脳で感じる。

　実は、私はこのカオスをとても大切にしている。だから、このカオスデザインのルーバーの絵柄だけは、パソコンだけでなく、金庫にしまっている。

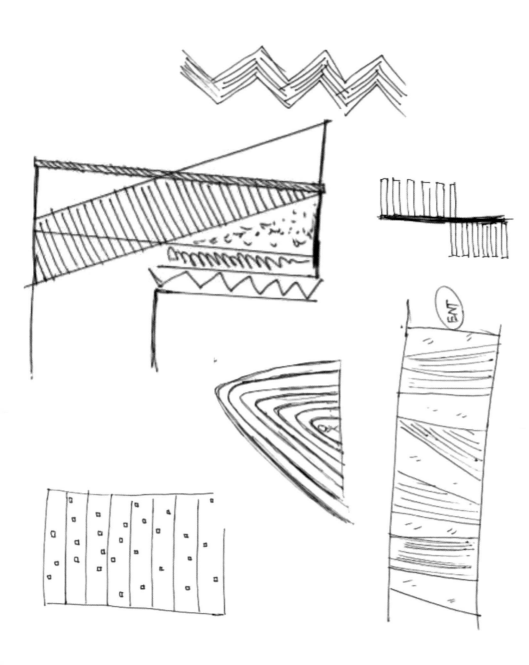

いかに豊かな空間にできるか

　たとえどんなに狭い土地でも、マンション1階のエントランス部分をできる限りゆとりのあるデザインにする。その理由は先に触れた通り。土地が狭ければ建物を上に伸ばして戸数を増やすことが、マンションビジネスとしては有利となる。

　戸数が増えれば、その分、駐車場や駐輪場、郵便ポストのコーナーやゴミの収集場といったスペースも必要になる。それらを確保しつつ、限られた空間に生活のニーズを収めなければならない。そうした条件をクリアしながら「カッコイイデザイン空間」を感じられるマンションに仕上げることが毎回の挑戦だ。

　最近は土地面積が広めの物件も手がけるようになってきた。そのような物件は、事業の儲けだけを優先するなら1階をテナントにして店舗やオフィスに貸し出すのが効率的だ。

　しかし、あえてその選択はしない。代わりにロビーや住人が集える共用リビングスペースを作る。なぜなら、その方が「差別化された豊かさ」を感じられるマンションになるからだ。テナント入りマンションでは、それができない。

　共用空間のインテリアは、家具選びや配置、壁や床や天井の仕上げまで、住人にくつろいで使ってもらうための工夫を凝らしている。

　こうしたこだわりが、次の刺激的なマンション造りにつながればいい。目先の利益だけを考えるのではなく、住人の利益を第一に考え、広い視野でビジネスをする意識を持ち続ける。

「人生の数年だけでも面白い部屋に住む」という提案

　ファミリー層のためのマンションでは、「生活しやすさ」を最優先した居室作りを考えなくてはならない。ベランダや階段やエレベーター周辺は特に安全性に配慮する。共用部分の建材も、小さな子どもが怪我をする可能性などを十分に考えて選ぶ。

　そういう意味で、デザインする側も住み手側も、お互いに最も「遊べる」のが単身者用マンションだ。

　単身者の多くは仕事をしているため、一日中部屋の中で過ごすわけではない。平日は朝と夜の限られた時間しか部屋にいない人が多いため、駅に近い、買い物が便利といったことも大事だ。部屋の作りに関しても、もちろん、収納やバスタブを広くするといった居室内の生活利益性は重視するが、必ずしも「生活しやすさ」を最優先にしなくていい。

　短い時間でも、部屋にいることによって癒されれば、明日への活力が得られる。そのようなマンションに住みたがる人も多いのだ。

　だから私は、単身者用マンションを大胆にデザインする。エントランスとファサードといったマンションの顔となる部分のデザインで遊ぶのはすべての建物で共通しているが、居室内まで冒険ができるのはワンルームや1Kといった単身者用マンションの醍醐味だ。

過去に手がけた物件の例として、居室と居室の間のコンクリート壁を斜めに傾斜させたことがある。

　俯瞰すると部屋の形が台形になっているという不思議な平面図だが、それを面白がって住んでくれる人が多く、部屋は常時埋まっており、誰かが退去するとすぐに次の入居者で埋まる。

　「部屋の主役はバスルーム」というテーマで、メゾネットタイプのマンションも造った。自分で家を建てるときにバスルームにこだわる人は多い。賃貸マンションも同様、そういう部屋があれば住んでみたいと考える人はいるものなのだ。

　バスルームはガラス張りだが、一人暮らしならその大胆なデザインがかえって喜ばれる。疲れて家に帰ってきて、広いバスルームでゆっくりと湯に浸かる。じっくりと体を癒せるため、部屋で過ごす時間が確実に豊かになる。

　どちらの物件も、ファミリー層ならまずは選択肢から外すだろうと思う。それは言い換えれば、家族ができたらそのような遊びがあるマンションには住めなくなるということだ。

　単身でいる時間がどれくらいかは人それぞれだが、人生の数年間、特に若い時期に常識の枠から外れた部屋に暮らす経験は決して無駄ではない。その先の人生や価値観の形成によい影響をもたらすことも多いのではないか。

そのように感じてくれる人がいれば、デザインする側としてもうれしい。設計や予算や工事の難しさなど、幾多のハードルを乗り越える意味も大きいし、そう感じてくれる人がどこかにいると思うから、造り手としても、守りに徹するばかりの仕事では味わえない感動を体験できるのだ。

カテゴリーやコンセプトは気にしない
事業家は評論家ではいけない

　重要なのは、私がキラメキを感じ、住む人もキラメキを感じる建物を造ることである。

　ここは感性の領域なので理屈では語れない。キラメキを作るプロセスを体系化することもできない。

　フェラーリのかっこよさを説明できないのと同じだ。無理に説明することにより、かっこよさは陳腐化する。

　自然と涙がこぼれ落ちてしまう美しいメロディや、思わず唸ってしまうほどおいしい料理も、その理由を説明することはできないし、説明してはいけない。

　どうしても説明しなければいけないときは、評論家にお任せする。事業家は評論家ではいけない。

　理屈で語れないということは、安易なカテゴライズもできないということだ。

　たとえば、車にはスポーツカーやファミリーカーといったジャンルがある。音楽も同様に、ポップス、演歌、ジャズなどに分類される。

　しかし、そのようなカテゴリーが存在しているのは、分類するための目安を作っておいたほうが便利であるからで、分類そのものにたいした意味はない。

　重要なのは、感動するかどうかである。その一点に尽きる。

　どのカテゴリーのものであれ、感動するものは感動する。何も感じないものは

素通りされる。感動とカテゴリーは無関係なのである。

　マンションにもモダンやヨーロッパ調といったカテゴリーがあるが、デザインする際にカテゴリーを気にしてはいけない。
　コンセプトなども不要で、「モダンに作ろう」「ヨーロッパ調にまとめよう」といった発想ではなく、「どういう外観がかっこいいか」「どういうエントランスが癒しを生むか」といったことを感じ決定していく。事実、私のマンションにはコンセプトがない。あえていうなら、「カオス」「フュージョン」である。料理や音楽でもフュージョンは使われている。

　唯一無二の建物を造るという点から見れば、むしろコンセプトは気にしないほうがいい。コンセプトは、簡単にいえば既成概念のデザインである。コンセプトを決めると、その瞬間からコンセプトにとらわれるようになり、似たものや、過去に見たことがあるものばかり量産することになる。世の中にない新しいものが作り出せなくなるのだ。すぐれたデザインは、「自由な心」からしか生まれない。
　どこかで見たことがあるものや、街中にありふれているものを見ても人は感動しない。
　他人の真似をせず、斬新で「なんだこれは」と驚ける建物を造り出していくために、コンセプトは不要であり、そもそも言葉は邪魔をする。

街を変えるという生きがい

　商売の視点から見ると、売れた商品を開発し、そのコンセプトを踏襲するほう
が安定して儲かることもあるかもしれない。しかし、それはよくあることで、私
がやることではない。やりたいことでもない。コンセプトを固めて、儲ける。そ
んなことを考えるようになったら、私はこの仕事を引退する。

　常に進化することが必須なのだ。なぜなら社会は変化するからだ。ニーズの変
化に対応していけなくなったら、事業家は引退するしかないのである。

　私がマンション造りに飽きないのは、常に高度なものを求め、新しいことに挑
戦しているからだ。一つマンションが完成し、頭の中にあったデザインが形になっ
たら、すぐに次のデザイナーズマンション開発案件のデザインを考える。アイデ
アを練り、過去にやったことがないことに挑戦する。その繰り返しによって、私
は造り手としての発想力や感性を磨いている。何十年もマンションのことを考え
続け、まったく飽きがこないのも、同じことをやらないからだ。

　マンション造りに限ったことではないが、同じことの繰り返しはつまらない。

　つまらないと感じたら、その瞬間から、気力、行動力、発想力など、あらゆる
力が低下していく。そのような状態で楽しく仕事ができるだろうか。つまらない
仕事を好きでいられるだろうか。私には無理だ。

　コンセプトから考えることを含め、同じことをして、似たものを作る行為は、
私から「街を変えるという生きがい」を奪い取ることになるのだ。

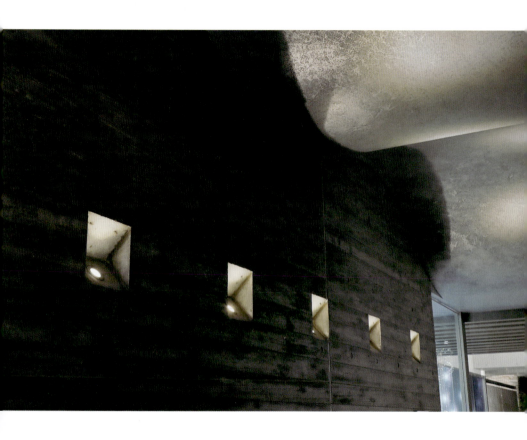

熱い情熱と行動でどんなヴィジョンも実現できる

　私はテレビ業界から不動産業界に移ったため、当時はまったくの素人だった。デザインや建築の専門教育も受けていなかったため、マンション造りを仕事と決めたときから、とにかく猛勉強するしかなかった。

　勉強するのは不規則な仕事が終わってからだ。日付をまたいで帰宅し、そこから勉強する生活が２、３年続いた。机で勉強するだけでなく、風呂にビジネス書を持ち込み、湯船に浸かりながら、のぼせながら、本の紙がヨレヨレになっても、１冊読むといった毎日が続いた。その苦労を自慢したいわけではない。やりたい気持ちさえあれば、まったく教育を受けていなくても、知識はあとから頑張って獲得できるということを熱く伝えたいのだ。これまでの約20年間は、名古屋市内で主に単身者や２人入居用のマンションを多く手がけてきた。次のヴィジョンは、名古屋市内にとどまらず、コンパクトなマンションというジャンルにもとどまらない。私が見ている世界は、今よりも広い。常に人工衛星からのように、俯瞰で土地を見るようにしている。日本だけでなくだ。すでに過去に手がけたことのない規模の土地を使って、ファミリー向けのマンションを造る計画が動き出している。日本に残された最後のパラダイスだと確信した宮古島での開発も必ず実現させるつもりだ。すでに宮古島には10カ所以上の土地を取得した。

　やったことのない仕事はチャレンジの連続である。ハードルはどんどん上がる。それが進化の証だ。挑戦なくして発展なしである。

理由はたった一つ。「好きだから」

　挑戦を続けられる理由は単純である。好きだからだ。

　これは仕事そのものについてもいえることかもしれない。

　なぜ仕事をするのかと聞かれたら、私は間違いなく好きだからと答えるだろう。

　たまに趣味でゴルフをするが、仕事のほうが好きだから、どちらが好きかと言われたら、私は迷わず仕事を選ぶ。そもそも、私は「仕事」という言葉が好きではない。やりたいことが「仕事というもの」なのだ。

　感覚的には、プラモデル作りに熱中している子どもと同じだ。子どもはプラモデルが好きだから、時間を忘れてずっとやっていられる。難しいところもあり、うまく作れなくて悔しく感じることもあるが、好きだから続ける。一つ完成したら、次のものが作りたくなる。その繰り返しは、私がマンション造りに没頭しているのと非常に似ている。ただプラモデルのデザインもしているのが今の私だ。

　プラモデル作りと同じなのだから、私にとっての仕事は、一般的に考える仕事のイメージとは少し違うのかもしれない。

　食べるために働く、生活のために仕事をするという人は多い。テレビの仕事をしていたころの私もそうだった。しかし、今はマンション造りが楽しい。楽しいことは自然に続けたくなる。納得できるマンションができ、次のマンションが造りたくなる。その繰り返しに夢中になっているだけだ。

　やらされているという感覚はまったくない。

　ただシンプルに、好きで好きでたまらないから続けたくなる。

ルーティンを捨てて脳を解放する

　私はマンション造りが好きだ。

　好きという気持ちは理屈ではない。感情が勝手に動く。

　感覚としては、ふとしたときに好きな人のことを思い浮かべてしまうのと似ているかもしれない。その気持ちを抑えることはできないのだ。

　マンション造りが好きだから、起きているときはいつもマンション造りのことが無意識に頭のどこかにある。仕事中かどうかなど関係ない。帰宅中であろうと、遊んでいるときであろうと、街中で「いいな」と感じる建物を見つけたら、足を止めて写真を撮る。仕事を意識して撮っているのではない。好きだから撮る。撮らずにはいられないのだ。そもそも仕事という言葉は嫌いだ。

　起きている時間だけではなく、寝ている間、半分夢のなかでもマンションのデザインのことを突然考え出すときもある。

　たとえば、夜中の3時ごろにふと目が覚めるときがある。ベッドに寝転がった状態で寝ているのか起きているのかわからないときがある。デザインを考えたいという気持ちで満ち満ちているのだ。

　そうなったら、もう眠ってなどいられない。ペンも紙もないが、ベッドの上で目をつぶり、瞑想し、頭の中を宇宙空間のようにし、建物のデザインをする。こんな外観にしよう、こんなふうにしようといった発想を巡らせる。

　そんなことを15分くらい続けて、新栄二丁目マンションの外観ができた。

好きという気持ちが強くなるほど、すべての時間が「好きなこと＝仕事」の時間になり、あらゆる時と場所が仕事場になるのだ。

　仕事の質を高めるためにルーティンなどを重視する人もいるが、私はその瞬間の閃きで突き動かされているから、そのようなものはじゃまになる。

　何時に起き、起きてから何をするかといったことを決めていたら、夜中にふと思いついて良いデザインが出来上がることもなかっただろう。

　ルーティンを重視するということは、夜中の3時にデザインを作るより、朝の7時までしっかり寝ることを重視するということだ。

　そういう縛りは作らないほうがいい。

　むしろ「こうしなければいけない」「これをやらなければいけない」といったルールをすべて取り払い、脳を解放することが最も重要だ。

　好きなことであれば、勝手に感情が動き、モチベーションが高まる。そのときを待ち、やる気になったときに仕事をするだけで、十分にいい仕事はできるものなのだ。

　私は好きなことを仕事にしている。前述の通り、私にとっての仕事は子どもがプラモデル作りに熱中しているようなものだから、一般的な仕事の認識とは多少のズレがあるかもしれない。しかし、とにかく好きな仕事で毎日が充実しているし、刺激的である。マンション造りに出合えたことは私にとって大きな幸運だった。

　現実的に見て、好きなことを仕事を見つけ、その仕事に熱中できている人は少ないのだと思う。

優秀な人はいる。稼いでいる人もいる。しかし、今の仕事を心の底から楽しめている人は案外少ない。

　しかし、不可能なことではないと私は証明している。

　私は村上 龍の『テニスボーイの憂鬱』を読んだことが転身のきっかけになった。そのようなきっかけを探す熱意があれば、自分の人生を変えることも可能なのだ。

　自分は何をしたいのか。そこは徹底して悩んだほうがいい。

　仕事は無限にあるが、諦めずに探す。とことん悩まないと見つからないだろうし、見つかるまで諦めてはいけない。

　また、自分の感性に照らして、合いそうなもの、合わなさそうなものを考えることも重要だ。

　人には得手、不得手がある。たとえば、人と会い、話すことが好きな人がいれば、苦手な人もいる。そのような点を明らかにしながら、苦手なことを消去法で消していくのもいいだろう。苦手なことが多くても、諦めてはいけない。どんな人にも、自分に合う仕事はあるものなのだ。

　合うかもしれないと感じたら、思い切って飛び込んでみることも重要だ。

　もしかしたら合わないかもしれないが、合わないということがわかることも重要な発見である。失敗したら、消去法で消していけばいい。

　そのためにも、まずは動かなければならない。挑戦する意欲を持たなければならない。

　挑戦し、失敗し、また挑戦することによって、やがて自分が活躍できる場所が見えてくる。その瞬間が来るまで、決して諦めてはいけない。

141

二つのネジ
ネジを締め、ネジを巻け

「これだ」と思える仕事が見つかったら、あとは一生懸命にやるだけだ。

インプットを続け、能力を高める。

新しいことに挑戦し、仕事を楽しむ。

私が社員に求めていることも、基本的にはこの繰り返しだ。

社員にはよく「二つのネジ」の話をする。

一つ目のネジは、気を引き締めるためのネジだ。就業時間中はネジが緩んでいないか確認する。ネジがしっかり締まっていれば、重要なことを見落とさない。同じことをやろう、手を抜こうといった考えも生まれない。連絡、コミュニケーションもしっかりできる。

もう一つのネジは、時計のネジのように自分自身のエネルギーを作るために巻くネジである。ネジ巻きを忘れた時計が動かなくなるように、人もエネルギーを蓄えなければ動けなくなる。

ネジを巻くのは自分自身だ。強い気概を持ち、楽しいと感じ、没頭できる仕事をしていれば、それだけでネジは巻けると私は思う。

二つのネジの話は、私自身にも当てはまる。

私はこれまでの人生を通じ、思い描いたヴィジョンを情熱と行動ですべて実現させてきた。

生死の稜線からのエネルギー

　人が、仕事や達成感に満足し「この先もこれを維持できればいい」と思ってしまったら、維持するどころか、すでに衰退が始まっている。世の中に安定とか永遠などありえないのだ。

　常に今の自分よりも先の、さらに上のヴィジョンを描き、邁進する。その繰り返しによってのみ、ようやく現状を維持でき、前進する道が拓けるということを忘れてはいけない。事業には、進化や成長しかないと思うべきだ。維持しようとすれば守りに入るしかなくなり、社会の変化に負けるからだ。

　自分を高めたい、人を感動させたい、世の役に立ちたいという思いで真摯に仕事に取り組めば、必ず成果を手にすることができる。

　成果を手にすれば、自分の仕事が面白くなり、どんどん好きになっていく。そうなればしめたものだ。プラスのスパイラルだ。

　また、一生懸命やらなければ、「仕事にも自分の人生に対しても失礼」だ。大げさではなく、生死の稜線から生まれるエネルギーこそが人の心を動かし、古い常識を破り、誰も見たことがない新たな世界を創り出すのだと私は信じている。

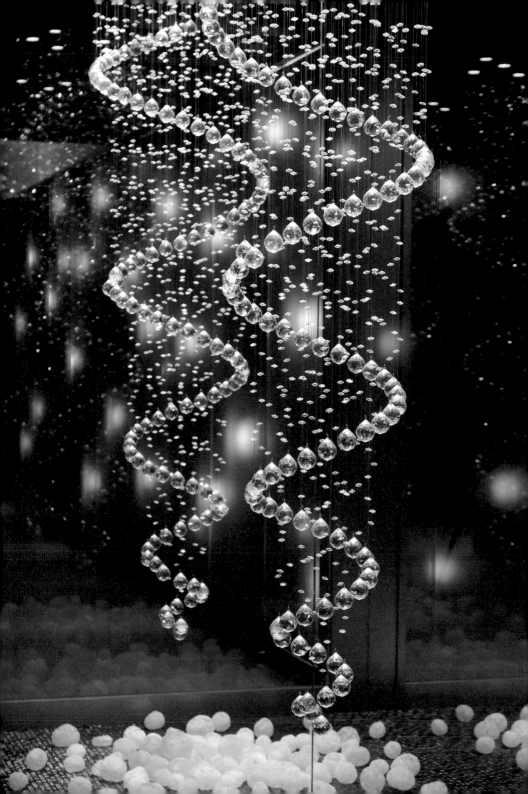

何のために仕事をするのか

　家族のために仕事をすると言う人が多い。こういう人はあまり発展しない。

　なぜなら、仕事で成功する人は、まずその仕事が好きで好きでたまらないから最大限に集中している。家族のことなんか考えている暇も余裕もないのだ。集中しているから、仕事の成果は必然的によくなる。仕事で結果が出れば自然と家族のためになるだけだ。「この順番を間違えてはいけない」。

　語弊があるかもしれないが、私は家族のために一生懸命に働くとは、微塵も思ったことがない。それくらい仕事に集中しているし、そもそも「〜のために仕事をする」という考え方自体が嫌いである。自分にフィットしている仕事であることが大切である。

　仕事が楽しければ、自然と集中する。

　集中していれば圧倒的な成果は自然と竹の子やトコロテンのように出てくる。

　もちろん、前提条件として、半端じゃない好奇心からの努力があるわけだが。

人生はカオスである

　私は早稲田大学で電気工学科（当時）という難しそうな学科をなんとか1年留年して卒業した。でも、大学で勉強したことは、社会人になってからまったく役に立っていない。「ある一つを除いてだ」。それもそのはず、入学したときから電気にまったく興味がなく、遊んでいたからだ。流石に留年が決まったときはまずいと思い、卒論だけはある程度真面目にやった。

　その卒業テーマが私の人生を大きく変えた。それがある一つであり、カオス理論である。簡単に言うと、人間の脳は思い込むと、思い込んだ方向に向かって進んでいくということである。

　マイナス思考の人は、マイナスの人生を歩む。プラス思考の人は、どんどん人生がよくなる。ということを、カオスから学んだ。

　諦めたら終わりだ。できれば20歳前半から、自分はできると思い込むこと。このままでは終わらないと強く思い続けること。スタートは若いほうがいい。『思考は現実化する』という本に書いてあることはカオスかもしれない。

　そうすれば自然と人生は間違いなく好転していく。カオスは宇宙の物理現象すべてだからである。

　体調、うるう秒、波の形、天気、太陽の黒点、隕石の到来。すべては不規則で予想しづらい。私は生物である人間も含め、宇宙に存在するすべての現象はカオスであると信じている。当然、脳で考えること、閃くことも、脳内の神経細胞の働きで起こっている。

だから自分ならできると思い込んで自己暗示してほしい。

　お子さんにも、あなたならできるわよ。と、たとえ嘘でも毎日言ってあげてほしい。私は、母からよく言われたものだ。

　脳に対するおまじないは、本当になるのだ。私が実証している。

　世界の経済を牛耳るユダヤ人は、選民思想を持っている。これもカオスを自然に知り尽くしたのだろう。

　人にはプライドは絶対必要だが、内に秘めてこそ生きるものである。何回も言うがプラス思考で、自分はできると思い込んでほしい。

　そこから、自然と自己改革のエネルギーが生まれるのだ。

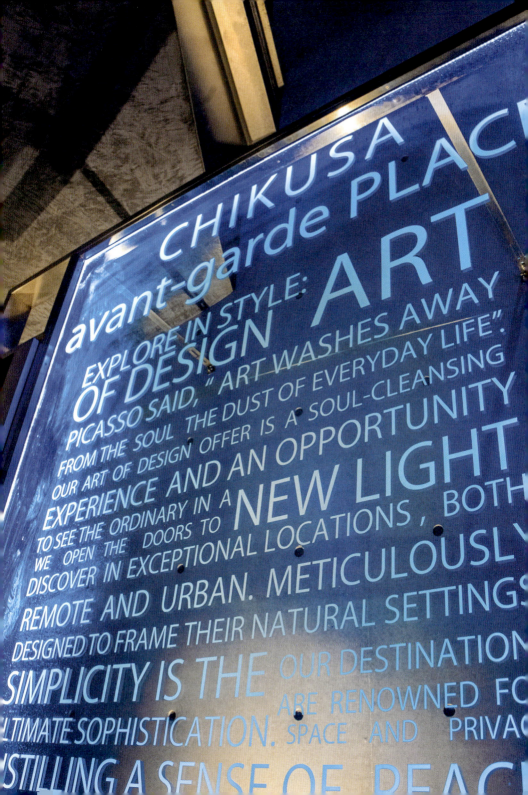

epilogue

My story

　希望の学校へ進み、資格を取り、希望する会社に就職。多くの人がそのような人生を思い描くが、果たしてその結果、人は成功し、幸せになれるのだろうか。

　人生はそう単純ではない。だからこそ、人はさまざまな局面で悩み、もがくのだろう。

　幼少期から私は人一倍自由奔放で、向上心の強い人間だった。

　私は愛知県小牧市岩崎の兼業農家の長男として生まれた。当時は田んぼと畑しかない片田舎。駄菓子屋1軒とスーパーマーケットが1軒あるだけだった。

　付近の建物は、学校と銀行を除けば、ほとんどが昔ながらの寄棟造りの木造の建物ばかりであった。祖父は小牧市初代の市議会議長。父は養子で地元の警察学校の事務官だった。

　5歳のとき、幼稚園のブランコに揺られながら、父と会話していた。

「日本で一番偉い人は誰？」

「それは天皇だよ」

「じゃあ僕、天皇になりたい」

「それは無理だよ」

「どうして無理なの？」

「僕、天皇になりたい」

「ダメだ。なれない。でも、総理大臣ならなれるよ」

「じゃあ、総理大臣でいいや」

　と当時から向上心の強い幼稚園児だった記憶がある。

　5歳のときに、父に連れられて熱田神宮へ向かうため名古屋市の市電に乗った。そのとき無性に小便がしたくなり、我慢の頂点に達した。父は、ここでしちゃえ。と、市電の一段下がった乗降ドアの角を指差した。自然に、その場所に私は一気に放出した。お漏らしするか、放出するか、どちらかの選択で恥ずかしい思いをすることを考える余裕はなかったのだ。

　このように常識にとらわれない自由奔放な性格は、幼いころから父から教えられ、自然と習慣づけられた。

　中学校、高校のときも、みんなが塾へ行ってても、私は行かなかった。

　大学を選ぶときも、私は無性に東京に出たくなり、運よく早稲田大学に現役合格した。学部なんかどこでもよかった。ただ早稲田に入りたかった。案の定、専攻学科の電気工学にはまったく興味が湧かなかった。自然と講義をサボり、麻雀をした。また必須科目の実験もサボり、湘南の鵠沼海岸に波乗りに行きまくった。結果、1年留年して、地元名古屋のテレビ局の最初の面接時に上着も着ず、ウイルソンのテニスラケットを手にかかえて、行ってしまったが、このときも運良く内定をもらった。（あとでわかったが姿勢がよかったからだったらしい。）新卒では制作技術という部署に配属された。たくさんのカメラが撮った映像画面のなかから最適なものを瞬時にスイッチしていく仕事で、大学で学んだこととも自分の

興味ともまったく関係がない。つまらない日々を送った。

　緊張の連続のうえに就労時間も不規則で、社内に尊敬できる上司も見つからず、入社してすぐに辞めたくなっていた。

　何をしたらよいか悶々と考え、悩み続けた。辞めたいけれど、辞められない。辞めて何をしたらよいのかも見えていない。そんな毎日を繰り返しながら、肉体的にも精神的にも弱っていった。

　村上　龍の小説『テニスボーイの憂鬱』を読んだのは25歳のときだ。

　宅地開発によって宅地になった横浜市郊外の土地でステーキハウスを経営する若い男の話で、テニスが好きなことや、私の実家が名古屋郊外に小さな畑の土地を持っていたことなどから主人公にすっかり感情移入した。夢中で小説を読み終えたときには「自分も土地を活用して何か新しいことに挑戦しよう」という気持ちが奮い立った。

　タイミングよく、実家の土地にアパートを建てる話が飛び込んできた。私がその役割を引き受け、大手の建設会社にいわれるまま、3階建ての鉄骨アパートを建てた。

　その後、近所に鉄筋コンクリートの総タイル張りマンションが建った。外観からして私が建てたものよりも明らかに高級感がある。しかし、なぜか自分の物件よりも安い家賃で部屋を貸し出している。

　これはおかしいぞと思い、建設業者に聞いてみたところ、私のアパートは、自分の知識不足のせいで必要以上に建設費用がかかっていたことがわかった。

もっと安い費用で、もっとかっこいい物件を建て、もっと安い家賃を設定することができたのだ。

　その日から猛勉強の日々が始まった。建築もデザインも不動産のことも経営学も、貪るように本を読みながらのすべて独学である。
　よくないものを建ててしまった悔しさがエネルギーになった。同時に、父からもエネルギーをもらった。

　公務員だった父は、脊髄の難病を発症し、私が高校生のときに背骨を60センチも削った。6時間に及ぶ大手術だった。運動はもちろん歩行もままならない痛々しい姿を見つめながら、自分が五体満足で生きていることに感謝した。
　手術日のことを、今も鮮明に覚えている。私が17歳のときだった。
　手術を耐え抜いた父を見舞い、病室を出た。病院のロビーを歩いているとき、特別な感情が雷光のごとく私の体を走り抜けた。
　自然と涙が流れた。悲しいからではない。人間の弱さを感じたからでもない。
　私の体の中にあった強烈なエネルギーが沸々と湧き、溢れんばかりに体中に充満した。これ以上、体に溜めることができなくなり、涙として流れ出た。
　一生懸命やろうとか、頑張ろうといった、日常的に湧き上がるような普通のエネルギーではない。勉強や仕事を精一杯やるといったレベルも超越し、「何くそ」「負けるものか」といった根性論でも精神論でもない。
　生きるか死ぬかの境界線で、何かを必死にやり遂げる。

誰かの真似ではなく、誰にも頼ることなく、自分で信じたことを、自分の行動力のみでやり通す。

　そういう強い意思であり、やりたいことを、悔いなくやりきろうという決意でもあった。

「やりたくてもできない人がいる。自分には頑張れる体がある。ならばなんとしてもやらなければならない」

　そんな強い思いが、私を精神的に支えた。

　やりたいことがあるなら、その途中で死んでも構わないと思うくらいの意思を持ってやり遂げる。そうやって人生を切り拓かなければならないのだと思った。

　あれから何十年も経つが、その意思は今も私の根底にある。一生を捧げ、命を賭してもよいという思いで生きている。

　仕事はその舞台であり、デザインはその結晶である。

　皆さんは、それくらいの気持ちで生きているだろうか。

　その後、私は大学を卒業し、テレビ業界に入る。そこで強烈に苦労したことは前に触れた通りだ。35歳のときには番組制作の仕事中に倒れ、3カ月も入院することになった。

　過労死寸前まで追い込まれ、その経験自体はきつかった。しかし、おかげで会社を辞め、マンション事業に専念する決心がついた。

最初に名古屋市に物件を建てたのは45歳のとき、デザインに特化した当時としては最先端のオフィスビルだった。そのビルの完成を見届けると、父はようやく安心したかのように、67歳という若さで亡くなった。

　私は、大学の勉強とも、最初の就職先ともまったく関係ない分野で、それなりに成果を出すことができた。その経験から言えることがある。
　それは、若いころに決めたレールの上で生き続けなくてもいいということだ。
　学生時代に勉強したことや、その過程で取得した資格などに縛られる必要はまったくない。自分に合う仕事を見つけ、その仕事に一生懸命になればいいのだ。
　やりたいことや自分に向いている仕事が見つかる時期は、人それぞれ違う。学生のうちに見つけられる人のほうが少ないかもしれない。
　それでも、今できることや、興味があることを一生懸命やってほしい。ふとしたきっかけが訪れ、夢中になれる仕事と出合うこともある。私の場合は一冊の本だった。一生懸命やっていけば、目の前の仕事を「これが天職だ」と思えるようになる日がきっと来る。

　また、そのときは嫌だ、つらいと感じながらやっていたとしても、その経験が、いつか役立つときが来る。これも私自身が経験したことだ。

161

テレビ局時代、音声や照明やカメラのスタッフと一緒に仕事をしていた。それぞれが役割と責任を持ち、一つのものを作り上げていく経験は、マンションを造る作業とよく似ている。マンションも、電気工事や水道の業者さん、左官屋さんなどとチームを組んで造っていくのだ。

　また、ものづくりには必ず予算がある。しかも、予算はたいてい制約が厳しく、そのなかで最高のものを作るためにあらゆる工夫をする。その点もマンション造りと同じであるし、テレビが高い視聴率を狙い、マンションが満室の入居率を目指す点も同じである。

　テレビ局時代のつらい経験は、今の会社の経営にも生きている。会社員時代、私は年功序列のタテ社会に疑問と無駄を感じた。だから今の私の会社は規模も大きくないので少数精鋭で、コミュニケーションを大切にしている。私が社員に直接指示を出すこともあるし、社員からの報告を受けるときもある。間に入って邪魔する人がいないから、情報の伝達が正確で早い。意思疎通が簡単だから意思決定も早くなる。

　特にこれからはAIが職場に入ってくる時代だ。スケジュール管理や単調な事務作業などはすべてAIに任せ、人は感性や個性を活かす仕事を担うようになるだろう。

　そのような職場では、お互いの存在や役割を認め合うことが基本であるから肩書きはいらないし、フラットな関係でいい。従来のような複雑な組織は不要になるのだ。

　上司と部下といった線引きがなくなり、パートナーとなり、チームメイトのよ

うな関係ができていく。太陽系の星のようにフラットな関係といってもいい。

　組織形態のイメージはオーケストラである。私は指揮者で、社員たちが各楽器を担当する。各々の役割を果たしながら全体で達成感のある仕事ができればいい。

　今抱いている最も大きな夢は、雲を見下ろせるほど高いビルを建てて、そこの最上階のレストランで気の合う仲間と乾杯することだ。

　誰もが「無理だ」と諦めてしまうようなことでも、本気で実現させる情熱があれば、信じられないほどのパワーが生まれる。それが推進力となり、どんなことも実現できる。私自身、周りに「無理だ」と言われたことをいくつも実現してきた。その経験があるから、雲の上のレストランで乾杯する話も、決して夢物語で終わらせるつもりはなく、本気で実現できると思っている。

　悩んだり考えたりする時間があったら、まずは行動することだ。新しいアイデアもやる気も情熱も、すべては行動する体から生まれる。働ける体があるかぎり、行動する。その大切さを、今後も仕事を通じて多くの人に伝えていきたい。

　そして最後になるが、この本を、「今の私」にしてくれたすべての人に捧げたい。
　努力と友愛を教えてくれた祖父。
　優しさを教えてくれた祖母。
　満身創痍の生き様を見せてくれた父と叔母。
　独立心と倹約を教えてくれた母。

163

私や家族を助けてくれた親戚。

いつも私の情熱に応えてくれるスタッフと仕事関係者。

機会を与えていただいた幻冬舎さんに。

　亡くなる3日前、私は苦しがる父に、よく生きた。もういいよ。死んだほうが楽になるね、と言った。父が67歳のときだ。父は43歳のときから、満身創痍で生きてきた。生きることがどれだけ尊いことで、どれだけ大変だったことか。私は17歳のときから、満身創痍で生きる父を目の当たりにしてきた。それ以来、五体満足であることに感謝し、自分に与えられた生命を使い切り生きることを極めて強く決断した。

　また、慢性リューマチを30歳代前半に患い、75歳まで生きた叔母からも私は生きるエネルギーをいただいた。叔母の葬儀が終わり火葬の跡を見た私は閉口した。全身に言葉には表せない激震が走り感動を覚えた。大きな人工関節が燃え切らず、残っていたのだ。腰、膝、肘、大きな関節はすべて人工関節だった。まさに満身創痍で生きてこられた。

　皆さんは、五体満足を当たり前と思い込んでいないだろうか。怠け癖のついた、もう一人の弱い自分に負けていないだろうか。

　学歴、資格なんかまったく関係ない。私は不動産や建築の勉強を習ったことは一度もない。すべて独学でやってきた。皆さんも、諦めるのは早すぎる。ぜひ、与えられた生命力を使い切りながら生きてほしい。

栗木 秀樹 （KURIKI HIDEKI）

宅地建物取引士

１級陸上無線技術士

愛知県小牧市出身。1961年生まれ。

早稲田大学理工学部卒業後、名古屋テレビ放送株式会社に入社。

1998年、有限会社栗木商事（現：栗木商事株式会社）の代表取締役に就任。

以降、20年以上デザイナーズマンションの開発を手掛ける。

コンセプトは「都市の中のオアシス空間」「エレガントでモダンなフュージョンデザイン」。

バリ島やニューヨーク、バルセロナなどの海外視察で磨かれたそのデザインセンスは内外で高く評価を受けている。

趣味はゴルフ、ロードバイク、旅行。

俺が街を変える

2019年11月29日　第1刷発行

著　者　栗木 秀樹
発行人　久保田貴幸
発行元　株式会社 幻冬舎メディアコンサルティング
　　　　〒151-0051　東京都渋谷区千駄ヶ谷4-9-7
　　　　電話　03-5411-6440（編集）

発売元　株式会社 幻冬舎
　　　　〒151-0051　東京都渋谷区千駄ヶ谷4-9-7
　　　　電話　03-5411-6222（営業）

印刷・製本　シナノ書籍印刷株式会社
装　丁　田口 実希

検印廃止
©HIDEKI KURIKI, GENTOSHA MEDIA CONSULTING 2019
Printed in Japan
ISBN 978-4-344-92601-1　C0095
幻冬舎メディアコンサルティングＨＰ
http://www.gentosha-mc.com/

※落丁本、乱丁本は購入書店を明記のうえ、小社宛にお送りください。
送料小社負担にてお取替えいたします。
※本書の一部あるいは全部を、著作者の承諾を得ずに無断で複写・複製することは
禁じられています。
定価はカバーに表示してあります。